Lena Merz & Annina Schäflein

ENTSPANNT ESSEN AM FAMILIENTISCH

Lena Merz & Annina Schäflein

ENTSPANNT ESSEN AM FAMILIENTISCH

Über 70 Rezepte und Tipps von den Expertinnen des *breifreibaby*-Blogs

südwest

INHALT

BEI VIELEN REZEPTEN FINDEST DU DIESE ICONS:

VEGAN MILCHEIWEIßFREI GLUTENFREI

LIEBE MAMA, LIEBER PAPA,

gemeinsame Mahlzeiten können Verbindung schaffen, einen guten Grundstein für eine ausgewogene Ernährung legen, und ein gesunder Familientisch kann auf so vielen Ebenen Gutes für euch als Familie tun.

Essen ist so viel mehr als Nahrungsaufnahme, und als Eltern ist das Thema vielleicht plötzlich präsenter als vor der Geburt der Kinder. Auf einmal sitzen wir nicht mehr zu zweit am Tisch, sondern der Familientisch wird voller und unsere Verantwortung für ein leckeres und nährstoffreiches Angebot größer. Aber für die Familie bunte und abwechslungsreiche Gerichte auf den Tisch zu bringen, ist nicht schwer oder zeitintensiv. Mit den Rezepten in diesem Buch möchten wir euch zeigen, wie Familienernährung aussehen kann und wie ihr schnelle und einfache Gerichte ohne große Mühe kochen könnt. Und im besten Fall schmeckt es allen. Egal ob Frühstück, warme oder kalte Hauptmahlzeiten, Snacks fürs Picknick und unterwegs, zuckerreduzierte Leckereien für Familienfeiern, Becherrezepte zum Kochen und Backen mit den Kleinsten oder Ideen für wählerische Esser*innen – in den folgenden Kapiteln ist für jede*n etwas dabei, versprochen!

Wichtig ist: Familienmahlzeiten sind gemeinsame Zeit, Rituale und Gespräche stärken den Zusammenhalt, und die gemeinsame Zeit für Gespräche und Verbundenheit bleibt in Erinnerung. Gemeinsames Planen, Einkaufen und Zubereiten der Gerichte stärkt die Selbstständigkeit der Kleinsten und schafft gemeinsame Momente. Und Liebe geht ja bekanntlich durch den Magen …

Wir wünschen euch viel Freude beim Ausprobieren der Gerichte und eine leckere, entspannte und verbindende gemeinsame Zeit am Familientisch. Wenn ihr mit uns in Kontakt treten möchtet, dann könnt ihr das über unsere Website www.breifreibaby.de oder die dazugehörigen Social-Media-Kanäle gerne tun. Wir freuen uns auf den Austausch mit euch.

Herzlichst
Lena und Annina

FAMILIENTISCH – WAS HEIẞT DAS DENN ÜBERHAUPT?

Kennst du diese Zeitrechnung? Früher – also alles, was »vor den Kindern« war – und jetzt: seit die Kinder da sind. »Vor den Kindern« kann in Bezug auf Ernährung heißen: keine regelmäßigen Essenszeiten, die stark an den eigenen Arbeitsalltag angepasst wurden. Essen in der Kantine, einen Mittagstisch im Restaurant oder das Fast-Food-Lokal auf dem Heimweg. Spontane Esseneinladungen und Restaurantbesuche.

Und jetzt – plötzlich ist da ein Baby, das anfangs ausschließlich gestillt wird oder Pre-Nahrung aus der Flasche bekommt. Dann beginnt die Beikostzeit, und eigene Essgewohnheiten und die Qualität und Herkunft von Lebensmitteln gewinnen an Bedeutung. Wir machen uns Gedanken darüber, wie wir es schaffen können, drei Hauptmahlzeiten und mehrere Snacks am Tag zuzubereiten und dabei auch noch darauf zu achten, dass diese aus möglichst frischen und nährstoffreichen Zutaten bestehen. Und das darf natürlich einfach sein und ohne großen Stress und Aufwand funktionieren. Denn unser Motto ist: Mach's dir leicht! Du musst keine mehrgängigen Menüs zubereiten oder stundenlang in der Küche stehen. Mit cleverer Planung und Vorbereitung ist das ganz leicht. Unsere besten Tricks dafür verraten wir dir in diesem Buch.

Durch die Beikostzeit findet der Übergang zum Familientisch statt. Der Begriff »Familientisch« bedeutet für uns gemeinsame Mahlzeiten, an denen alle Familienmitglieder teilnehmen. Die Gerichte sind dafür so konzipiert, dass sie allen schmecken, egal ob Klein oder Groß. Es wird nichts extra gekocht für die Kleinsten, sondern einzelne Komponenten werden clever zubereitet und die Gerichte auf alle Bedürfnisse und Geschmäcker abgestimmt. Außerdem sind die Mahlzeiten bunt, abwechslungs- und nährstoffreich.

UND WAS BEDEUTET DAS KONKRET?

- Es wird am Tisch nachgesalzen, und scharfe Gewürze, feurige Saucen oder sehr salzige Komponenten wie getrocknete Tomaten, Oliven oder Kapern werden bei den Portionen für die Großen ergänzt oder bei den Kleinsten nur moderat eingesetzt.

- Je nach Alter des Kindes werden auch unsichere Lebensmittel, wie zum Beispiel ganze Nüsse, Kerne, Saaten oder rohes Fleisch, nur für die Erwachsenenportionen genutzt.

- Wenn beim Kochen möglich, können zum Beispiel Bratlinge, Puffer, Waffeln und Co. erst salz- bzw. zuckerärmer zubereitet werden und, nachdem ein Teil für die Kleinsten weggenommen wurde, direkt nachgewürzt und dann erst ausgebacken werden.

- Hat dein Kind schon seine Backenzahnpaare? Super, dann sind auch Lebensmittel wie Blattsalate, grünes Blattgemüse oder Kohlsorten in rohem Zustand erlaubt. Vorher können feste Zellstrukturen noch nicht zerkleinert werden und daher – wie auch Kräuter – nur sehr fein geschnitten oder püriert sicher verzehrt werden.

SOZIALE UND EMOTIONALE ASPEKTE DES FAMILIENTISCHES

Das Aufnehmen von Nahrung erfüllt auf den ersten Blick vor allem einen Zweck: Hunger und Durst zu stillen und so die benötigte Energie- und Nährstoffversorgung sicherzustellen. Schaut man genauer hin, merkt man aber schnell, dass noch viel mehr dahintersteckt und das Essen und gemeinsame Mahlzeiten vor allem emotionale, soziale und auch kulturelle Aspekte mit sich bringen.

Und das fängt oft schon lange vor der eigentlichen Mahlzeit an. Die Planung, das Auswählen der Gerichte, die gekocht werden, Einkaufslisten schreiben, gemeinsame Einkäufe und das Zubereiten des Gerichts – vielleicht zusammen in der Küche – gehören auch mit dazu. Und so geht es für uns als Familie vor allem um gemeinsame Zeit, sich gehört fühlen und mitbestimmen dürfen, Selbstwirksamkeit und Selbstbestimmung. Die gemeinsamen Essenszeiten geben einen Rahmen und eine Tagesstruktur, durch zusätzliche Rituale wird auch Sicherheit gegeben, und schöne Erinnerungen werden geschaffen. Das Zusammensein, sich austauschen, mit allen an einem Tisch sitzen und sich verbunden fühlen – all das macht Freude und führt dazu, dass wir uns wohlfühlen. In der Gesellschaft von anderen schmeckt es uns oft besser. Kinder als soziale Wesen ahmen uns Erwachsene nach, lernen so viele Verhaltensweisen und probieren sich gerne zum Beispiel auch mit Besteck aus.

Starre Regeln, Druck, Überreden, Manipulation und Fremdbestimmung führen bei Kindern schnell zu Stress und dadurch zu Ablehnung und Verweigerung. Alte Gewohnheiten und Verhaltensmuster, die wir als Kinder selbst erfahren haben, dürfen wir an dieser Stelle überdenken und uns daran erinnern, dass wir jederzeit die Rahmenbedingungen selbst festlegen und auch verändern dürfen. Alte Glaubenssätze in Bezug auf Essen, die wir von unseren Eltern, Großeltern oder anderen engen Bezugspersonen übernommen haben, dürfen wir loslassen. Aussagen wie »Iss deinen Teller leer, sonst scheint morgen nicht die Sonne« oder »Es gibt nur einen Nachtisch, wenn du aufgegessen hast« können wir getrost beiseite packen.

Ein entspanntes und sicheres Essumfeld trägt zu einer gesunden und stabilen Entwicklung des Kindes in Bezug auf die Ernährung bei und ist auch für den späteren Umgang mit dem Thema Essen und Ernährung von großer Bedeutung. So können wir als Eltern bei unseren Kindern bereits im Baby- und Kleinkindalter helfen, einen stabilen Grundstein zu legen und so nicht nur späterem Übergewicht, sondern auch Essstörungen vorzubeugen.

DEIN VORRATSSCHRANK

»Gut gekocht ist halb gegessen« – kennst du den Spruch? Wir finden, er sollte eher lauten: »Gut bevorratet ist halb gekocht« – denn aus einem schlauen Vorrat kann man schon die Hälfte der Rezepte aus diesem Buch kochen. Dabei musst du keine Vorratskammer oder endlos viel Platz haben, sondern lieber schlau einkaufen und restelos kochen. Dabei helfen uns zum Beispiel ein Wochenplan und nur mit Einkaufsliste – und nie hungrig – einkaufen zu gehen. So wird nur gekauft, was garantiert nicht mehr zu Hause vorrätig ist.

NÄHRSTOFFREICHE ZUTATEN FÜR DEN VORRATSSCHRANK

TK-Gemüse: Ist besser als sein Ruf. Durch das direkte Frosten nach der Ernte werden superviele Nährstoffe erhalten. Außerdem sparst du dir das Waschen, Putzen und Schneiden. Bei TK-Gemüse kannst du ebenfalls zu Bioware greifen, und besonders die Gemüsemischungen im Tiefkühlfach bringen mehr Vielfalt.

Getreide aller Art: Pasta in zwei bis drei Varianten, auch Hülsenfrüchte-Pasta, Quinoa, Reis und Hirse sowie verschiedene Mehlsorten. Haferflocken sind ein Muss.

Gewürze: Einen kleinen Grundstock an Gewürzen sollte man immer dahaben. Neben den Sologewürzen (getrocknete Kräuter, die Paprikagewürzsorten edelsüß, geräuchert und rosenscharf, Curry, Salz, Pfeffer) eignen sich besonders Gewürzmischungen, zum Beispiel Pommesgewürz, Pizzagewürz, Kartoffelkracher oder Ähnliches. Viele Gewürzmischungen kommen tatsächlich auch mit ganz wenig Salz aus.

Hülsenfrüchte: Da man aus Kichererbsen, Bohnen und Linsen so viel machen kann, gehören sie sowohl in der getrockneten als auch vorgekochten Variante unbedingt in dein Regal.

Milch und Milchalternativen aller Art: Es lohnt sich, neben Kuhmilchprodukten wie Milch, Sahne, Crème fraîche und Käse auch Pflanzendrink und Pflanzensahne zu bevorraten. Die haben sogar den Vorteil, dass sie nicht kühl gestellt werden müssen und länger haltbar sind.

Nüsse, Saaten und Nussmus: Die kleinen Nährstoffbomben lassen sich vielfältig einsetzen, zum Beispiel in Backwaren, in Dressings oder Dips, als Panade und natürlich auch in selbst gemachten Snacks wie Müsliriegeln.

→ ***Einkaufstipp:*** Einmal im Monat den Vorratsschrank checken und alles, was fehlt, direkt auf dem Einkaufszettel notieren.

LIEBLINGSPRODUKTE VON KINDERN, DIE MAN IMMER DAHABEN SOLLTE

Jedes Kind hat andere Vorlieben, deshalb legst du dir am besten eine eigene Liste an. Die wird wahrscheinlich alle zwei bis drei Monate erneuert werden müssen, weil plötzlich Garnelen in Mayonnaise das Lieblingsprodukt deines Kindes sein werden. Unsere Vorschläge, mit denen du garantiert auch noch schnell Geburtstagswaffeln zaubern kannst, findest du hier im Buch.

Streusel: Mit Streuseln, ganz egal ob kunterbunt oder aus Schokolade, sieht die Welt gleich viel besser aus. Mittlerweile gibt es sogar im Supermarkt eine breite Palette an zuckerfreien Streuseln. Und wenn dein Kind noch ganz klein ist, kannst du gemahlene Nüsse, Chiasamen, Spirulinapulver oder gepufften Amaranth und Quinoa als Streusel verwenden.

Lebensmittelfarbe: Es gibt mittlerweile Lebensmittelfarbe ohne einen Haufen Chemie. Rote Bete, Kurkuma und Spirulina sind deren Basis, und somit kannst du in Windeseile bunte Waffeln backen, Kuchen in Regenbogenfarben herstellen oder das Frosting deiner Cupcakes blau färben. Auch Lebensmittel, die vielleicht nicht so beliebt sind, können so spannend gemacht werden.

Schokolade (zartbitter oder zuckerfrei): Mit 80-Prozent-Zartbitterschokolade lässt sich ein zuckerfreier Kuchen leicht aufpeppen. Man kann sie hauchfein raspeln und aufs Porridge streuen oder ein kleines Stück in der Brotdose verstecken. Auch zuckerfreie Varianten mit zum Beispiel Xylit können Kindern ab circa zwei Jahren in kleinen Mengen angeboten werden.

Ketchup und weitere Saucen: Der Kinderliebling Ketchup ist Ersatz für Pastasauce, Brotaufstrich und Pizza. Zu Beginn lässt er sich leicht durch passierte Tomaten oder Tomatenmark ersetzen, später durch eine fruchtige, selbst gemachte Variante mit Obst. Auch Mayonnaise, Burgersauce etc. zum Dippen von Ofengemüse bringen viel Spaß an den Esstisch.

Fruchtriegel: Ob selbst gemacht oder gekauft, die Konsistenz von Fruchtriegeln ist im Kleinkindalter einfacher zu essen als Müsliriegel. Wer sie selbst macht, kann hier reichlich Gemüse einbauen. Fruchtriegel sind Süßigkeiten, und als solche sollten sie eingesetzt, aber nicht komplett verbannt werden.

Gefriergetrocknete Früchte: Ob pur oder als Topping, ob fein gemahlen oder verbacken, die Vielfalt an gefriergetrockneten Früchten ist groß und meist sogar noch bei älteren Kindern total beliebt als Snack.

Müsli: Haferflocken, Hirseflocken oder eine Müslimischung mit zuckerfreien Pops: Müsli in allen Variationen geht immer, ist in drei Minuten essfertig und löscht so den schnellen Hunger. Gerade Kinder brauchen oft sehr schnell eine Mahlzeit und können und sollen ihren Hunger nicht rauszögern.

MEAL PREP, CLEVER VORKOCHEN & BATCH COOKING

Mit kleinen Kindern fehlt oft die Zeit, jeden Tag frisch zu kochen. Wenn dann noch die eine oder andere Vorliebe dazukommt, kann man schnell mal ohne warmes Essen dastehen. Die Lösung lautet Meal Prep bzw. Batch Cooking. Beides ist im Grunde eine Form des Vorkochens, bei der man ganze Mahlzeiten oder Komponenten vorkocht, die sich schnell und einfach zu einer neuen Mahlzeit kombinieren lassen.

MEAL PREP IM FAMILIENALLTAG

Hier kann man sowohl eine große Portion beliebter Frühstücks- und Snackrezepte zubereiten als auch ganze Mahlzeiten vorkochen und portionsweise einfrieren. Dabei gibt es viele Tipps und Tricks, die den ganzen Prozess erleichtern.

1. MEHR KOCHEN

Wenn du eins eurer Lieblingsrezepte kochst, zum Beispiel Bolognese-Sauce, Gemüsecurry oder Chili con Carne (Rezept siehe Seite 112 als Füllung für Kumpir), dann bereite gleich die doppelte Menge zu. Das erfordert oft nur wenige Minuten Mehraufwand, manchmal dauert es sogar gleich lang. Diese Gerichte können – am besten portionsweise, zum Beispiel in kleinen Schraubgläsern – eingefroren werden. So sind sie schnell aufgetaut, wenn mal nur ein Familienmitglied Hunger oder Lust darauf hat. Weitere Gerichte, die sich gut zum Vorkochen und Einfrieren eignen, sind die Tomaten-Mango-Sauce (Rezept siehe Seite 66), die Glücksbällchen (Rezept siehe Seite 84) und die Calzonen (Rezept siehe Seite 150).

2. GRAB-'N'-GO-BOX

Das ist die größte Tupperdose, die du dir vorstellen kannst. Darin sind allerlei Snacks und Backwaren tiefgekühlt, die du nur mit einem Griff herausholen und auftauen kannst, zum Beispiel Waffelherzen, Muffins, Brownies, kleine Laugenbrezeln, Croissants etc. Auf dem Toaster wird daraus in wenigen Minuten ein leckerer Snack. Befüllen kannst du die Box einmal im Monat, wenn du einen Backtag einlegst.

3. GUTE AUSSTATTUNG

Meal Prep funktioniert nur, wenn du genug Boxen und Gläser hast. Vorratsbehälter müssen nicht teuer sein, nutze dafür Upcycling: Senf-, Gurken- und Marmeladengläser können perfekt wiederverwendet werden. Zu zwei Dritteln befüllt, eignen sie sich gut zum Tiefkühlen. Glasboxen aus Borosilikatglas können tiefgekühlt und von dort direkt in den Ofen gestellt werden. Genauso lassen sich Speisen in Plastiktüten oder solchen aus Silikon, die sich mehrfach verwenden lassen, aufbewahren.

BATCH COOKING BZW. VORBEREITEN

Beim Batch Cooking geht es nicht nur darum, ganze Mahlzeiten vorzukochen, sondern viele Komponenten vorzubereiten und diese dann neu zu kombinieren. Man kocht beispielsweise 500 Gramm Hirse und serviert diese an Tag 1 als Beilage, an Tag 2 als Salat, an Tag 3 als Bratling, und die letzte Portion friert man ein. Man spart so nicht nur Energie, sondern eben auch viel Zeit.

UNSERE KONKRETEN TIPPS:

1. Ofengemüse – hier lohnt es sich, immer mindestens zwei Bleche zu machen (zum Beispiel Rezept auf Seite 108), du kannst es nämlich ebenso als Brotaufstrich verwenden, wenn du es mit Nüssen pürierst, oder daraus eine leckere Suppe zaubern, wenn du sie mit Kokosmilch ergänzt, oder zerdrückt mit Haferflocken leckere Bratlinge daraus backen.

2. Getreide aller Art – ganz egal ob Reis, Hirse oder Quinoa, es eignet sich jedes Getreide als Beilage, aber auch als Basis für einen Salat mit Gemüse, Obst, Käse und Kräutern. Auch als Bratlinge oder in einem Auflauf funktioniert vorgekochtes Getreide hervorragend.

3. Saucen – die klassische Tomatensauce, eine Käse-Lauch-Sauce oder eine Gemüse-Curry-Sauce sind super, um sie in kleinen Portionen einzufrieren. Sie können dann neu kombiniert werden und klassisch Pasta verfeinern oder mit Buchweizen und bestreut mit Käse zu einem Auflauf werden.

Das Vorbereiten der Zutaten stellt eine weitere Zeitersparnis dar – für Phasen, in denen es schnell gehen muss. So kann man zum Beispiel direkt nach dem Einkauf das ganze Obst und Gemüse waschen. Während morgens der Kaffee kocht oder du auf deinen Tee wartest, kannst du alle Zutaten für das Mittagessen rauslegen. Teige können im Gesamten oft bereits am Vorabend zubereitet und dann einfach länger gehen gelassen werden. Wenn du mit einem Wochenplan arbeitest, weißt du meist genau, was es am nächsten Tag gibt. Während also deine Pasta kocht und die Sauce schmort, kannst du schon die Pellkartoffeln für den nächsten Tag aufstellen.

WIE DAS KIND MIT-EINBEZOGEN WERDEN KANN

GEMEINSAM MACHT ES AM MEISTEN SPAẞ, ODER?!

Zugegeben, es gibt Tage, an denen reichen die eigene Energie und Geduld dafür sicherlich nicht aus, und das Höchste der Gefühle ist, Nudeln mit Pesto zuzubereiten oder noch schnell eine Tiefkühlpizza in den Backofen zu schieben. Aber es gibt auch die Tage, an denen wir als Eltern mehr Energie und Lust darauf haben, gemeinsam mit unseren Kids die Mahlzeit zuzubereiten. Eines ist klar: Unsere Kinder lieben es, in unserer Nähe zu sein, mitzubekommen, was wir gerade tun, und haben häufig Lust, mitzuhelfen oder zumindest mitten im Geschehen zu sein. Unsere Ideen, wie dein Kind aktiv beim Einkaufen und bei der Essensvorbereitung dabei sein und sie mitgestalten kann, sind die folgenden.

GANZ PRAKTISCH BEIM KOCHEN:

- Ein Lernturm für die richtige Arbeitshöhe – so hat dein Kind einen sicheren Stand und kommt gut an die Arbeitsfläche, um aktiv mitzuhelfen. Er kann einfach verstellt werden, und so kann dein Kind aktiv am Spülbecken Obst abwaschen oder den Lappen ausspülen oder andere Tätigkeiten zur Essensvorbereitung nah an der Arbeitsplatte übernehmen.

- Schnippeln und rühren auf dem Boden sitzend – so können die Zutaten oder der fertig gemischte Teig nicht so tief fallen und du kannst entspannt bleiben, dass dein Kind nicht vom Lernturm oder von der Arbeitsplatte krabbelt.

- Einen nassen Lappen unter die Rührschüssel legen, damit diese nicht wegrutscht.

- Messbecher, ausgespülten Sahnebecher oder Ähnliches nutzen und benötigte Zutaten vorher (gemeinsam) abwiegen und für dein Kind bereitstellen, damit es diese später zusammenschütten darf.

- Kindgerechte Küchenutensilien wie Kindermesser, Fingerschutz, kleiner Sparschäler oder ein geeignetes Schneidebrett sind hilfreich. Weiter gibt es zum Beispiel kleine Schneebesen oder Nudelhölzer mit nur einem Griff. Die kleinen Kinderhände können kleinere Messer und Co. besser halten und somit einen sicheren Umgang üben.

- Naschen ist erlaubt.

- Überlege dir, bevor ihr startet, wie deine Kapazitäten sind, welche Aufgaben dein Kind übernehmen könnte und welche du davon heute abgeben kannst. Ist es das Zutaten-Abmessen oder -Wiegen, Zusammenschütten, Umrühren oder etwas zu schneiden? Die Pizza zu belegen oder die Sauce zu würzen? Oder im Nachgang den Boden zu fegen, die Rührschüssel auszuspülen oder das Besteck in die Schublade einzuräumen?

- Teller und Besteck zum Esstisch tragen und eindecken, eine kleine Wasserkaraffe füllen oder Servietten falten und an den Platz legen, Tischsets platzieren oder die Kerzen anzünden ... Je nach Alter deines Kindes gibt es verschiedene Aufgaben, die außerdem rund ums Essen erledigt werden können. Auch das Aufräumen, Abspülen, Tisch-Abräumen und -Abwischen oder die Spülmaschine auszuräumen gehören dazu. Oder übrig gebliebene Reste für den nächsten Tag schon in die eigene Brotdose zu packen, um so das, was besonders gut geschmeckt hat, am nächsten Tag noch mal zu genießen.

VORTEILE, DIE DIES FÜR DEIN KIND BRINGEN KANN:

DEIN KIND ...

- stärkt so sein Selbstvertrauen,

- übt sich in seinen motorischen Fähigkeiten,

- lernt Lebensmittel in ihrer ursprünglichen Form kennen,

- lernt unterschiedliche Farben, Formen, Konsistenzen etc. kennen,

- probiert so zwanglos beim Vorbereiten ihm bis dahin vielleicht noch unbekannte Lebensmittel,

- fühlt sich als Teil der Familie und ist stolz auf das, was gemeinsam vorbereitet wurde,

- hat so mehr Lust, auch am Tisch von dem zu probieren oder zu essen, was es mit vorbereitet hat.

Und wenn du lieber allein in der Küche vorbereiten möchtest, dann haben wir diese Tipps für dich:

- Lass dein Kind bei dir in der Küche (oder in einem anderen Zimmer) ein Hörspiel hören.

- Eine Kinderküche in der Küche – dein Kleinkind will nicht in einem anderen Raum sein als du, hat aber auch kein Interesse daran, in der Küche mitzuhelfen? Dann kann eine kleine Spielküche die Lösung sein. Alternativ kannst du ihm ein paar Plastikdosen und Rührbesen geben, mit denen es »so als ob« kochen kann.

- Das Kruschfach oder die Dosenschublade – gerade bei jüngeren Kindern kann das hilfreich sein, eine Schublade oder ein Schrankfach kindgerecht einzuräumen, in der oder dem nur Dinge untergebracht sind, die keine Verletzungsgefahr mit sich bringen und die nicht kaputtgehen können. So kann dein Kind nach Herzenslust aus- und einräumen, stapeln und umsortieren. Deckel können auf Dosen gesetzt werden, Drehverschlüsse geschlossen werden. Oder wie wäre es mit einer Kichererbsen-Dosen-Rassel oder einem Schnipsel-Sammelglas?!

GESUNDE ALTERNATIVEN ZU FAST FOOD & CONVENIENCE-FOOD

Zunächst einmal: Du darfst dir immer erlauben, schnell was in der Bäckerei zu holen, ein Fertiggericht zuzubereiten oder mit deinem Kleinkind auch zur Fast-Food-Kette deines Vertrauens zu gehen. Gesundes Essen bedeutet nicht, dass man sich jegliche Erleichterung des Lebens oder Genuss auf Süßes und Ungesundes komplett verbieten muss. Die richtige Mischung macht's, und je gesünder wir zu Hause essen, umso weniger bis gar nicht fallen Ausnahmen ins Gewicht.

Unser Tipp: Wenn du Convenience-Food kaufst, wirf einen Blick auf die Zutatenliste. Je kürzer diese ist, umso besser. Definitiv nicht enthalten sein sollten E-Nummern, Geschmacksverstärker, zu viel Zucker oder Salz sowie Alkohol. In den ersten zwei Jahren kannst du bei Produkten mit einem Salzgehalt von über 1,5 Gramm pro 100 Gramm noch sehr kritisch sein.

Gesunde Alternativen aus der Bäckerei: Brezel, Rosinenbrötchen und Schokocroissant sind hier sicher die Kinderlieblinge Nummer eins. In fast jeder Bäckerei gibt es aber auch belegte Brezeln, belegte Brötchen mit Ei, Käse und Salat und immer öfter auch Stücke von Quiche und Ähnlichem. Da Kinder nicht nur Kohlenhydrate, sondern zwingend auch Fette benötigen, ist eine Butterbrezel einer trockenen Brezel vorzuziehen. Eine Käsequiche bzw. Käsestangen mit Tomaten und Lauch bieten mehr Nährwerte als ein trockenes Brötchen. Wenn belegte Brötchen angeboten werden, kann man sich oft auch welche mit Wunschbelag zusammenstellen lassen.

Noch besser: Snackdosen einpacken, die alle Komponenten enthalten: Gemüse und Obst in Form von Rohkost, zum Beispiel mit einem kleinen Gläschen Nussmus zum Dippen, Käsewürfeln oder gekochtem Ei, Hülsenfrüchte, Bratlinge, Gemüseschnitten oder Gemüsekekse, zuckerfreier Kuchen oder Brownies.

BURGER UND PIZZA …

… schmecken nicht nur den Kindern, sondern auch uns Erwachsenen. Hier ist oft die Kombi ausschlaggebend. Während du Brötchen natürlich kaufen kannst, sind Pattys aus Hülsenfrüchten oder frischem Hackfleisch sowie frische Gemüse wie Salat, Tomate, Gurke und andere Wunschzutaten denen aus der Fast-Food-Kette vorzuziehen. Selbst gemachte Pizza kommt oft komplett zuckerfrei daher, sie kann mit einer Gemüse-Tomaten-Sauce bestrichen und nach Herzenswunsch belegt werden.

Besonders leicht lassen sich Pommes (nicht nur aus Kartoffeln), Hotdogs, Chicken Nuggets sowie Currywurst selbst zubereiten. Du weißt dann genau, was drin ist, und kannst diese Kinderlieblinge deinen Kleinen öfter anbieten, weil sie gesünder sind als die vom Imbissstand oder Fast-Food-Restaurant.

WAS AB WANN?

Im ersten Lebensjahr lernen Babys Nahrungsmittel kennen. Sie sollten so unverarbeitet wie möglich sein. Süßigkeiten, Limonaden und Fast Food sind hier schlicht nicht nötig. Und zwar deshalb nicht, weil dein Baby noch gar nicht klar äußern kann, was es will. Es interessiert sich zwar für das Essen auf unseren Tellern, ist aber zufrieden, wenn es ähnlich oder gleich aussieht.

Mit circa 1,5 Jahren wollen Kinder häufig genau das Gleiche wie wir und fangen mehr und mehr an, das lautstark zu äußern und einzufordern. Hier können wir zwei Wege beschreiten: Bei Lebensmitteln, die schlicht nicht für sie geeignet sind, zum Beispiel Alkohol oder Sushi mit rohem Fisch, müssen wir natürlich einfach Nein sagen. Essen wir aber Schokolade oder Eis, sollten wir uns überlegen, ob ein dauerhaftes Nein hier nicht nach hinten losgeht. Also entweder den Kindern etwas abgeben oder dann essen, wenn sie nicht dabei sind.

Ab dem zweiten Geburtstag wird es meist etwas lockerer. Pommes oder ein Eis fallen hier nicht mehr so ins Gewicht, da dein Kind sowieso mengenmäßig mehr isst und bereits eine große Vielfalt an Lebensmitteln kennt.

AUSTAUSCHEN LEICHT GEMACHT

Nicht immer haben wir alle Zutaten (trotz super organisiertem Vorratsschrank) zu Hause, und manchmal schmecken uns und den Kindern auch einzelne Zutaten einfach nicht. Wir verraten dir nun, welche Zutaten, die in einem Rezept stehen, du ganz leicht austauschen kannst. Das gilt auch für potenziell allergene Zutaten.

GETREIDE

Die meisten Getreidesorten sind untereinander leicht austauschbar. Du kannst also Dinkel- immer durch Weizenmehl ersetzen. Genauso kannst du meist auch eine andere Typenzahl wählen als vorgeschrieben, um so zum Beispiel Backwaren vollwertiger zu machen. Gleiches gilt beim ganzen Korn: Hirse, Quinoa, Couscous, Reis lassen sich nach Belieben austauschen. Beachte immer die Hinweise auf der Verpackung, eventuell braucht die eine oder andere Getreidesorte mehr Wasser beim Kochen. Außerdem ist eine Mischung aus zwei Getreidesorten eine gute Idee, zum Beispiel, um etwas Neues einzuführen, oder wenn du erreichen möchtest, dass dein Kind ein ungeliebtes Getreide doch akzeptiert.

GEMÜSE UND OBST

Besonders Gemüse von gleicher Konsistenz lässt sich leicht austauschen, also beispielsweise Wurzelgemüse wie Rote Bete, Möhre, Petersilienwurzel, Pastinake, Kartoffel, aber auch Kürbis und Süßkartoffel. Das Gleiche gilt auch für Kohlsorten. Äpfel lassen sich leicht durch Birnen ersetzen und Himbeeren durch Blaubeeren. Probiere es einfach einmal aus – je nachdem, was Vorrats- und Kühlschrank so hergeben.

NÜSSE, SAATEN, NUSSMUS

Gemahlene Nüsse und Saaten sind immer untereinander tauschbar, genau wie Nussmus. Du kannst ganz einfach das verwenden, was du zu Hause hast.

HÜLSENFRÜCHTE

Hummus kann nicht nur aus Kichererbsen hergestellt werden, er lässt sich auch aus weißen Bohnen und roten Linsen super zubereiten. Gerade wenn du Hülsenfrüchte in Bratlingen und Dips verarbeitest, kannst du die Sorten ohne Probleme tauschen.

GLUTENFREI

Leider lassen sich nicht alle Rezepte »einfach so« ohne Gluten herstellen. Bei Backwaren musst du meist ein wenig probieren, ob es gelingt. Als Beilage kannst du aber natürlich alle glutenhaltigen durch glutenfreie Lebensmittel ersetzen.

LAKTOSEFREI UND MILCHEIWEIßFREI

Milchprodukte lassen sich in der Regel immer durch ein kuhmilchfreies, veganes Pendant ersetzen: Butter durch Margarine, Milch durch Pflanzendrink, Sahne durch Soja-Cuisine und Joghurt durch Sojagurt.

REZEPTE VEGANISIEREN

Wenn in den Rezepten nur Milchprodukte enthalten sind, kannst du diese immer durch eine vegane Alternative ersetzen, zum Beispiel Käse durch veganen Käse oder Crème Vega als Alternative zu Crème fraîche. Auch Hackfleisch, Wurst und Lachs gibt es mittlerweile ganz ohne Tier. Bereite das Rezept einfach damit zu. Eier in Backwaren lassen sich manchmal, aber nicht immer beispielsweise durch Sojamehl, Apfelmark oder zerdrückte Banane ersetzen.

DEIN KIND IS(S)T KOMPETENT

Jedes Kind – so wie auch wir Erwachsenen – ist einzigartig und in seiner Entwicklung wie kein anderes. Und das spiegelt sich auch in puncto Essen und Geschmack wider. Wir Menschen kommen mit großartigen Kompetenzen auf die Welt, und so besitzt ein Neugeborenes direkt die Fähigkeit, an der Brust der Mutter zu trinken und so seinen Hunger und Durst zu stillen. Und auch in der Beikostzeit zeigt sich, dass Babys und Kleinkinder viele angebotene Kompetenzen bereits besitzen und neue hinzuerwerben, die sie dazu befähigen, selbstständig und sicher Beikost zu sich zu nehmen, sei es in Form von Brei, der angereichert wird, oder in Form fester Kost, wenn sie sie schon kauen können.

Dabei hat jedes Kind auch bei der Entwicklung der Beikostreife, also dem Zeitpunkt, ab dem es bereit ist, etwas anderes als Muttermilch oder Pre-Nahrung zu sich nehmen zu können, ein anderes Tempo. Die Entwicklung jedes Kindes ist individuell, und so sind es auch seine Bedürfnisse in Bezug auf die Ernährung. Während das eine Baby mehrere Wochen wenig ausprobieren möchte und wenig von den neu angebotenen Lebensmitteln isst, so isst ein anderes vielleicht direkt größere Mengen an Beikost. Hier hilft es, das Kind nicht mit Nachbars- oder Geschwisterkindern zu vergleichen oder sich durch begeisterte Erzählungen von anderen Eltern verunsichern zu lassen.

Nicht nur in der Beikostzeit, sondern auch danach gilt für uns der Leitsatz: Vertraue auf dein Kind und seine Kompetenzen. Lass es selbst im Rahmen seiner Möglichkeiten entscheiden und aus dem von dir verantwortungsbewusst ausgewählten Angebot an Lebensmitteln auswählen. Jedes Kind is(s)t anders.

Kinder sind von Natur aus neugierig und haben Freude daran, Lebensmittel zu erforschen, kennenzulernen und mit allen Sinnen zu entdecken. Unterschiedliche Farben, Formen, Gerüche, Konsistenzen und Temperaturen können im Rahmen der Familienküche kennengelernt und so der eigene Geschmack gebildet und Vorlieben gefunden werden.

Der Bedarf und die Bedürfnisse deines Kindes variieren dabei von Tag zu Tag. Und so ist es auch bei uns Erwachsenen. Der Nährstoff- und Energiebedarf ist zum Beispiel an den Energieverbrauch geknüpft. In Phasen von Wachstum, Hirnentwicklung, Krankheit oder gesteigerter Bewegung ist dieser anders als an Tagen, an denen wenig passiert. Wir dürfen uns als Eltern wirklich auf unser Kind verlassen.

Trinkt unser Kind genug? Wir dürfen auf das Durstgefühl unseres Kindes vertrauen und es so die benötigte Trinkmenge selbst festlegen lassen. Unsere Aufgabe dabei? Leitungswasser und ein geeignetes Trinkgefäß zur Verfügung stellen, sodass unser Kind jederzeit Zugang dazu hat.

Vielfalt und Abwechslung? Ja, aber bitte ohne Zwang! Wir als Eltern tragen Verantwortung dafür, dass das Angebot stimmt. So ist es sinnvoll für eine ausgewogene Ernährung deines Kindes, auf folgende Dinge zu achten:

- Täglich eine Auswahl an frischem Obst und Gemüse anbieten und die Sorten abwechseln – das Kind aber komplett selbstständig und ohne Druck oder Überreden ausprobieren lassen.

- Feste Mahlzeiten als Familie gemeinsam gestalten – hier frei von Druck, Zwang und Erwartungshaltung. Zusätzlich dein Kind entscheiden lassen zu essen, wenn es Hunger hat, zum Beispiel vor dem Ins-Bett-Gehen noch ein Snack oder, wenn es am Wochenende viel früher aufsteht als du, ein erstes Frühstück vor dem gemeinsamen Wochenendfrühstück als Familie.

- Fisch, Fleisch, Vollkorn und Milchprodukte – ja, eine ausgewogene Ernährung ist toll, aber kein Lebensmittel besitzt ein alleiniges Patent auf bestimmte Nährstoffe. Dein Kind isst regelmäßig Fisch? Super! Es möchte keinen Fisch probieren? Das ist kein Problem, dann kannst du schauen, dass du die Omega-3-Fettsäuren-Versorgung anders sicherstellst. Es mag Fleisch? Klasse. Es möchte kein Fleisch essen? Dann keine Sorge. Fleisch hat kein Patent auf Eisen. Dieses kannst du deinem Kind auch aus pflanzlichen Quellen zugänglich machen.

Wir schaffen ein Angebot und lassen unsere Kinder wählen. Weiter liegt es in unserer Verantwortung, dass wir unsere Verhaltensweisen überdenken und die Esssituationen für unsere Kinder so angenehm wie möglich gestalten. Damit ist gemeint, dass übergriffiges Verhalten in Bezug auf das Essverhalten unseres Kindes keinen Raum haben sollte.

Wir sollten unsere Kinder weder loben (»Wie toll, du hast alles leer gegessen!«) noch beschämen oder ihnen Schuld zuweisen (»Ich habe das extra für dich gekocht, und du probierst nicht einmal«). Weiter sollte Essen nie als Belohnung oder Bestechung genutzt werden. Auch Angst zu machen durch zum Beispiel Androhung von Strafen oder Gewalt, wenn etwas nicht probiert oder aufgegessen wird, trägt nicht zu einem gesunden Essverhalten und schon gar nicht zu einer gestärkten Bindung und Beziehung zum eigenen Kind bei.

Oft hilft es hier, die Erfahrungen und Muster aus der eigenen Kindheit zu beleuchten, negative Glaubenssätze zu erkennen, Erfahrungen gemeinsam mit dem eigenen Kind neu zu schreiben und offen für neue Ernährungsmuster und Gedanken zu sein.

KINDERTELLER

Die typische Lebensmittelpyramide kennen die meisten Eltern. Sie ist aber für Kinder selbst kaum begreiflich, weshalb es sich anbietet, mit Kindern zusammen einen beispielhaften Teller zur Orientierung zu nutzen. Der kann zum Beispiel als Bild oder Poster in der Küche aufgehängt werden und alle Lieblingslebensmittel enthalten. So lassen sich die Mahlzeiten zusammen planen und auf dem Teller anrichten.

Für Kinder sollten alle Mikro- und Makronährstoffe Bestandteil im täglichen Essensplan sein. Dazu gehören Kohlenhydrate, Eiweiß und gesunde Fette, außerdem die Mikronährstoffe Vitamine, Spuren- und Mengenelemente.

AUF DIE RICHTIGE VERTEILUNG KOMMT ES AN

Je ausgewogener die Ernährung, umso besser. Nur Kohlenhydrate zu essen, tut auf die Dauer keinem Kind gut. Deshalb sind wir als Eltern so wichtig. Wir entscheiden über das Angebot, und unser Kind wählt aus, wie viel und was es davon essen will. Dabei dürfen wir uns wirklich sehr darauf verlassen, dass Kinder wissen, was Ihnen guttut und was sie im Moment brauchen. Wir müssen sie nicht drängen oder überreden, etwas Bestimmtes zu essen. Wir dürfen aber so offen sein, immer wieder alles anzubieten.

Gesunde Kinder wachsen schnell und brauchen viel Energie, da sie meist den ganzen Tag aktiv sind. Schnell

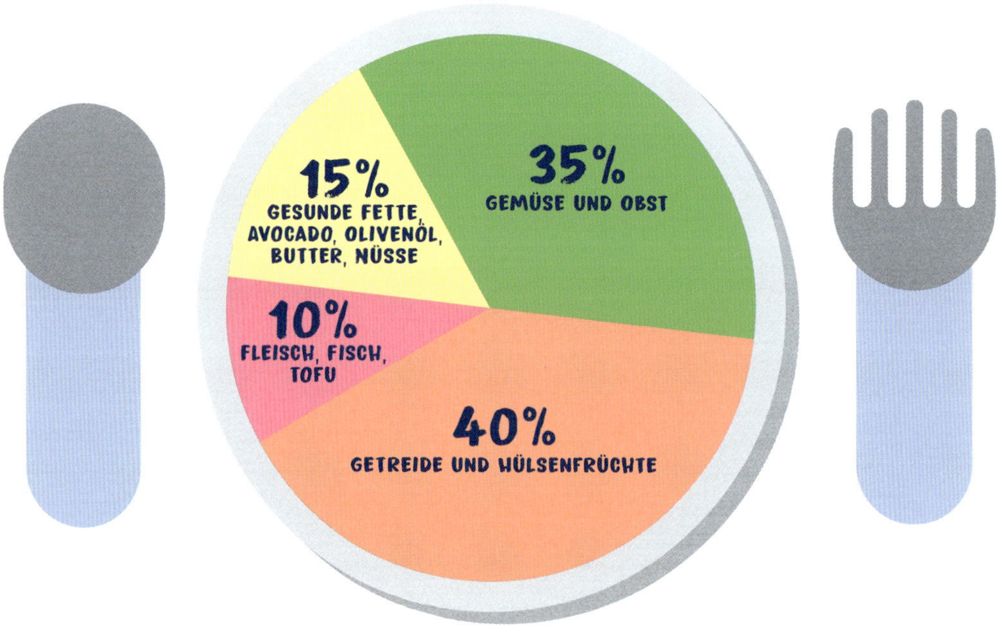

verfügbare Energie liefern vor allem Kohlenhydrate und Fette. Kinder dürfen immer die Vollfettvariante eines Lebensmittels essen. Zu den Fetten zählen vor allem solche aus Nüssen und Saaten (auch hier die vollständige Form als ganze Nuss, gemahlene Nuss oder Nussmus), Avocados, Milchprodukte sowie Olivenöl.

Getreide wie Nudeln und Brot machen sehr schnell und langfristig satt und liefern viel Energie. Hier dürfen vielfältige Quellen angeboten werden, auch Vollkornprodukte und Getreide aus anderen Herkunftsländern wie zum Beispiel Quinoa.

Gemüse und Obst dürfen Kinder in großen Portionen essen, am besten immer in der ganzen Version, also nicht als Saft oder Püree. Irgendwann sinkt die Bereitschaft, Gemüse in jeglicher Form und Farbe zu essen. Dann dürfen diese zum einen als »Hidden Veggies« in Saucen, Bratlingen und Waffeln »versteckt« werden und zum anderen ohne Zwang immer wieder angeboten werden. Wenn Brokkoli zukünftig in eurer Familie als Minibäumchen bezeichnet wird, steht er vielleicht plötzlich wieder bevorzugt auf dem Speiseplan.

Der Energiebedarf setzt sich zusammen aus dem Ruheenergieverbrauch und dem Energieverbrauch für körperliche Aktivität und unterscheidet sich von Kind zu Kind und auch von Tag zu Tag, abhängig von Wachstumsphasen, Stress, Krankheit, Körpergröße und -gewicht, Klima und Hormonen.

So liegt der Durchschnittswert laut DGE (Stand 2015) von Kindern im Alter von 1-4 Jahren bei 1 100 (körperlich weniger aktive Mädchen) bis 1 300 kcal/Tag (körperlich sehr aktive Jungs).

WÄHLERISCHES ESSVERHALTEN

Du würdest dein Kind als wählerischen Esser oder wählerische Esserin bezeichnen? Hast du wieder mit Liebe und Geduld etwas zubereitet und dein Kind möchte nicht probieren, schiebt das Essen auf dem Teller hin und her oder pickt nur lustlos mit der Gabel darin rum? Hast du manchmal das Gefühl, dass dein Kind gar nichts isst?

Vorab: Wählerisches Essverhalten (Picky Eating) ist bei Kindern im Alter zwischen drei und zehn Jahren kein seltenes Phänomen und ist erst einmal nicht besorgniserregend. Die Ablehnung von unbekannten Lebensmitteln bezeichnet man auch als Neophobie. Sie ist natürlich und dient dem Schutz vor giftigen oder verdorbenen Lebensmitteln.

Im Zweifelsfall sollte aber immer eine Fachperson als Unterstützung hinzugezogen werden, um zum einen bei den bestehenden Herausforderungen Beratung und Hilfe zu bekommen, und zum anderen, um gegebenenfalls Fütter- und Essstörungen ausschließen zu können.

Das hilft dir bei der Einordnung: Ein wählerischer Esser oder eine wählerische Esserin hat eine Palette an sicheren Lebensmitteln – mindestens 30 Lebensmittel werden (gerne) gegessen und schmecken. Hierzu zählen auch flüssige Lebensmittel. Außerdem ist die Nährstoffversorgung gewährleistet – und durch die Vielfalt an Lebensmitteln, die toleriert werden, ist sichergestellt, dass das Kind mit allem versorgt ist, was es braucht.

ESSEN DARF FREUDE MACHEN

Erwartungshaltung, Mengenvorstellungen und Essen nach Plan können zu Druck und unangenehmen Situationen rund um die Nahrungsaufnahme und am Familientisch führen. Schnell schleichen sich Verhaltensweise und Muster ein, und wir befinden uns in einer Negativspirale, aus der wir vielleicht so leicht nicht mehr aussteigen können. Essen sollte zu jedem Zeitpunkt ohne Druck und Erwartungen bezüglich Essdauer, -tempo oder gegessener Mengen stattfinden können. Die Entscheidung darüber sollte stets bei deinem Kind liegen. Denn Essen darf Genuss sein, Freude machen und ganz entspannt und individuell sein.

Es ist auch hilfreich, alle Mahlzeiten gemeinsam einzunehmen und für Wohlfühlatmosphäre ohne Ablenkung durch den Fernseher oder andere Medien zu sorgen. Das gemeinsame Planen von Lieblingsgerichten und zusammen die benötigten Zutaten einzukaufen, in der Küche vorzubereiten und anschließend zusammen zu genießen, sind ebenfalls hilfreiche Faktoren, um die Akzeptanz der angebotenen Speisen zu erhöhen und Gemeinschafts- sowie Zusammengehörigkeitsgefühl zu intensivieren.

JEDER TAG IST EIN NEUER START

Weder wir Erwachsene noch unsere Kinder wachen jeden Tag mit der gleichen Stimmung oder dem gleichen Bedarf an zum Beispiel Energie auf. Jeder Tag ist ein neuer Tag, und so können wir auch in Bezug auf die Ernährung jeden Tag von Neuem beginnen und so unseren Kindern neue Chancen und Möglichkeiten geben. So variiert zum Bespiel der Bedarf an Nahrungsmitteln je nach Tagesverfassung, Gesundheitszustand, aktueller kindlicher Entwicklung oder abhängig davon, wie viel sich dein Kind an diesem einen Tag bewegt. In Phasen von Krankheit oder äußeren Veränderungen können sich die Bedürfnisse auch in Bezug auf die Ernährung verändern. Sätze wie »Das schmeckt dir nicht!« oder »Das hast du letztes Mal auch nicht gegessen« sollten wir uns verkneifen und unseren Kindern ein achtes oder neuntes Mal Unbekanntes bzw. bisher Verschmähtes anbieten. Vielleicht überraschen sie uns, indem sie es auf einmal doch annehmen. So schränken wir die Möglichkeiten nicht von vornherein ein.

Merke: Du als Mama oder Papa bist Expertin oder Experte für dein Kind. Du hast die Verantwortung und triffst die Entscheidungen. Wenn du dir aufgrund des wählerischen Essverhaltens deines Kinds unsicher bist oder das Gefühl hast, dass dein Kind nicht ausreichend mit Flüssigkeit, Energie oder lebenswichtigen Nährstoffen versorgt sein könnte, dann hol dir Unterstützung. Ziehe deinen Kinderarzt oder deine Kinderärztin hinzu und vereinbare einen Termin bei einem Facharzt oder einer Fachärztin. Es kann vielleicht sinnvoll sein, die Blutwerte einmal genauer zu betrachten oder körperliche Gründe ausschließen zu lassen. So können etwa motorische oder sensorische Abweichungen der Grund für das Verhalten deines Kindes sein.

WARUM ESSEN KINDER WÄHLERISCH?

Geht man davon aus, dass das Verhalten des Kindes keine Gründe hat, die medizinischer Natur sind oder durch körperliche Beeinträchtigungen kommen, sondern dein Kind in einer Phase ist, in der es sich altersgerecht verhält, dann gibt es dennoch einige Gründe, die Auslöser für das Verhalten des Kindes sein können.

Haben Babys im ersten Lebensjahr schneller und mehr zugenommen und das eigene Gewicht sogar bis zum etwa Dreifachen vom Geburtsgewicht gesteigert, so ist die Gewichtszunahme im Kleinkind- und Kindesalter nicht mehr so enorm und stagniert zeitweise. Es wird weniger Energie für körperliche Entwicklung benötigt. In einem solchen Fall kann uns Eltern auffallen, dass ein Kind plötzlich weniger isst. Das muss dann aber keine Störung sein, sondern es passt seine Energiezufuhr nur kompetent dem eigenen Bedarf an.

KITA-KEIME

Eine beginnende Erkältung oder ein Magen-Darm-Infekt können zu verändertem Essverhalten führen und Auslöser dafür sein, dass ein Kind vorübergehend bestimmte Lebensmittel nicht essen will oder ein Bedarf an anderen Lebensmitteln steigt. Diese Umstellung kann bestehen bleiben oder sich, wenn dein Kind wieder gesund ist, ändern.

Manchmal kann verminderter Hunger oder die Lust, Neues auszuprobieren, auch damit zusammenhängen, dass zwischen den Hauptmahlzeiten häufig gesnackt wird und zu den Hauptmahlzeiten kein richtiges Hungergefühl aufkommt. Hier hilft es, Struktur in den Tages- und Essablauf zu bringen und damit ein gesünderes Essverhalten des Kindes zu fördern.

Wenn du unsicher bist und das Gefühl hast, dass dein Kind zu wenig, zu selten oder einseitig isst, könntest du dir ganz konkret für eine Woche Notizen machen und so herausfinden, welche Lebensmittel dein Kind zuverlässig akzeptiert und auswählt. Du kannst dann diese sicheren Lebensmittel anbieten und vielleicht ein neues Nahrungsmittel, das es bisher noch nicht kennt oder das es bislang nicht gegessen hat, dazu anbieten. In Kombination ist die Chance größer, dass es ein solches Nahrungsmittel dann doch akzeptiert und isst. So kann sich die Auswahl der Lebensmittel nach und nach vergrößern. Außerdem bekommst du mit deinen Notizen einmal einen Überblick darüber, welche Nährstoffgruppen mit den Lebensmitteln, die dein Kind gerne isst, abgedeckt werden. Sehr wahrscheinlich ist es schon ausreichend mit allen lebensnotwendigen Mikro- und Makronährstoffen versorgt.

Manchmal kann es auch für Entspannung der Esssituation sorgen, wenn eine Veränderung der Rahmenbedingungen stattfindet. So könntet ihr zum Beispiel statt am Esstisch auch mal ein Picknick unter dem Tisch oder bei euch im Garten veranstalten. Erlaubt ist alles, was euch als Familie Spaß macht und einen unbelasteten, freudigen und entspannten Umgang mit dem Thema Ernährung mit sich bringt.

TISCHSPRÜCHE

Rituale sind für Kinder ein großartiges Mittel für Übergänge, zum Beispiel, wenn sie eigentlich noch keine Lust haben, sich an den Tisch zu setzen. Dann kann man schon beim gemeinsamen Tischdecken oder Kochen die ersten Sprüche aufsagen. Vielleicht hilft es auch, die Sprüche so umzudichten, dass sie zu euch als Familie passen. Außerdem ist es gut, wenn jeder seine eigenen Aufgaben hat und damit zum Gelingen einer harmonischen Mahlzeit beiträgt.

Kleine Kinder können ab 1,5 Jahren schon viel mehr eingebunden werden, als wir ihnen das gemeinhin zutrauen. Sie können den Tisch decken, selbst das Geschirr raussuchen, sich selbst etwas zu trinken aus einer kleinen Karaffe einschenken und mit einem geeigneten Kindermesser auch beim Schnippeln und Zubereiten helfen. Mit Tischsprüchen können Rituale geschaffen werden, die einen Rahmen für den Beginn der Mahlzeit geben. Hier ein paar Beispiele:

Viele kleine Fische schwimmen
jetzt zu Tische,
sie geben sich die Flossen, dann
wird beschlossen,
jetzt nicht mehr zu blubbern,
stattdessen was zu futtern.
Alle machen mit, guten Appetit!

Die Räuber schimpfen sehr,
denn der Teller ist noch leer!
Erst mal mit den Fingern hackeln,
kräftig mit dem Popo wackeln,
liebevoll das Bäuchlein streicheln,
über Kreuz die Hände reichen,
zicke zacke Zunger,
die Räuber haben Hunger.

Wenn wir beieinandersitzen,
nicht mehr durch das Zimmer flitzen,
schnuppern wir die Essenszeit
und die Gabeln sind bereit.
Wer noch laut war, ist jetzt still,
jeder nur noch essen will!
Und nun sprechen alle mit:
Guten Appetit!

Ich bin die Raupe Nimmersatt,
die immer großen Hunger hat.
Und wenn sie was zu essen sieht,
dann sagt sie »guten Appetit!«.

FRÜHSTÜCK

Zu einem guten Start in den Tag kann ein ausgewogenes, buntes und schmackhaftes Frühstück beitragen. Sei es das gemeinsame Frühstück am Wochenende oder vor Kindergarten und Schule – mit einer nährstoffreichen Stärkung fällt der Tagesbeginn doch gleich um einiges leichter. Egal ob süß oder herzhaft, einen Gute-Laune-Booster gibt es mit abwechslungsreichen Ideen für die erste Mahlzeit des Tages. Croissants, Brote mit köstlichen Aufstrichen, Pfannkuchen und Oats machen die Kleinsten und die Großen glücklich.

OVERNIGHT OATS MIT KAKAO UND BANANE

FÜR 4 PORTIONEN

150 g Haferflocken • 30 g Chiasamen • 2 EL Kakaonibs • 2 EL Kakao • 400 ml Pflanzendrink • 2 reife Bananen

Zubereitungszeit: 10 Minuten
Wartezeit: 12 Stunden

ZUBEREITUNG

- Die Haferflocken, Chiasamen, Kakaonibs und Kakao in einer verschließbaren Dose mischen. Den Pflanzendrink dazugeben, gut mischen und über Nacht im Kühlschrank durchziehen lassen.

- Die Overnight Oats morgens auf 4 kleine Schalen verteilen, die Bananen in Scheiben schneiden und darauflegen.

FÜR UNTERWEGS: In kleinen Schraubgläsern verpackt, kann dieses Frühstück auch super unterwegs gelöffelt werden. Es lässt sich ohne Probleme auch ungekühlt einige Stunden aufbewahren.

VANILLE-CRÊPES MIT KIRSCHKOMPOTT

FÜR 4 PORTIONEN

Für den Teig: 2 Eier • 250 ml Milch • 160 g Mehl • 1 Prise Zucker • 1 Prise Salz • 1 Messerspitze Bourbonvanillepulver • ***Für das Kompott:*** 1 Glas Kirschen à 360 g • 1 EL Stärke • ***Außerdem:*** 2 TL Öl

Zubereitungszeit: 20 Minuten
Ruhezeit: 10 Minuten

ZUBEREITUNG

- Für den Crêpes-Teig die Eier und die Milch mit den Quirlen des Handrührers mischen. Mehl, Zucker, Salz und Vanille zugeben und zügig unterrühren. Den Teig 10 Minuten ruhen lassen.

- Die Kirschen in ein Sieb abgießen, dabei den Saft auffangen. Den Saft mit der Stärke mischen und in einem kleinen Topf aufkochen, bis die Flüssigkeit andickt. Dann die Kirschen dazugeben und bei ganz kleiner Hitze warm werden lassen.

- Inzwischen eine große Pfanne mit ½ TL Öl einpinseln und nach und nach 8 dünne Crêpes ausbacken.

- Die Crêpes mit dem Kirschkompott servieren.

TIPP: Die Crêpes kannst du ebenso mit Apfelmark oder einem anderen Obstkompott deiner Wahl servieren.

Das Rezept ist ein super Basisrezept und eignet sich beispielsweise auch für das Bestreichen mit Marmelade oder gestapelt mit Füllung als Crêpe-Torte für eine Geburtstagsfeier.

SAUERTEIGWAFFELN STRAMMER MAX

FÜR 4 PORTIONEN

1 Packung Sauerteigansatz (ca. 75 g) • 160 g Mehl • 50 g Öl • 6 Eier • 1 Prise Salz • 4 Scheiben Kochschinken • 4 Scheiben Gouda • ***Außerdem:*** Fett fürs Waffeleisen

Zubereitungszeit: 30 Minuten

ZUBEREITUNG

- Optimalerweise am Vortag Sauerteigansatz, 80 ml Wasser und 80 g Mehl in einer Schüssel mischen und ca. 12 Stunden bei Zimmertemperatur ruhen lassen.

- Am Zubereitungstag 40 g Öl, 2 Eier, Salz und das restliche Mehl zum Teig geben, gut mischen und erneut 1 Stunde ruhen lassen. Dann den Teig nach und nach in einem leicht gefetteten Waffeleisen ausbacken. Die Waffeln auf ein Backblech legen und mit Schinken und Käse belegen. Im Backofen mit der Grillfunktion ca. 8 Minuten überbacken.

- Inzwischen das restliche Öl in einer großen Pfanne erhitzen, die restlichen Eier aufschlagen und als Spiegeleier komplett durchbraten. (Für kleine Kinder die Spiegeleier doppelseitig anbraten.)

- Die Spiegeleier auf die Waffeln legen und servieren.

TIPP: Die Waffeln können auch komplett vorbereitet werden, da sie beim Überbacken im Ofen noch mal warm werden.

BUCHWEIZENBROT

FÜR 1 KASTENFORM À 26 CM LÄNGE

400 g Buchweizen • 300 g griechischer Joghurt (ersatzweise vegane Alternative) • 1 TL Salz • 2 EL Kürbiskerne • 2 EL Sonnenblumenkerne

Zubereitungszeit: 10 Minuten
Wartezeit: über Nacht + 10 Stunden
Backzeit: 85 Minuten

ZUBEREITUNG

- Den Buchweizen in einem Sieb gründlich mit kaltem Wasser abspülen. In eine Schüssel geben und mit Wasser bedeckt über Nacht einweichen lassen. Abgießen und erneut abspülen. Mit Joghurt und Salz in einen Hochleistungsmixer geben und fein pürieren.

- Eine Kastenform mit Backpapier auslegen. Die Kerne auf dem Boden der Form verteilen und die Masse einfüllen. Mit einem sauberen Küchentuch abdecken und im ausgeschalteten Ofen 10 Stunden ruhen und fermentieren lassen. Das Brot herausnehmen, den Ofen auf 190 °C (Ober-/Unterhitze) vorheizen und das Brot darin (Mitte) ca. 85 Minuten backen lassen. Gegebenenfalls nach 60 Minuten mit Backpapier abdecken, damit es nicht zu dunkel wird. Herausnehmen und vor dem Aufschneiden sehr gut auskühlen lassen.

PACK'S IN DEN TIEFKÜHLER: Das in Scheiben geschnittene Brot kann für längere Haltbarkeit und Frische luftdicht verpackt eingefroren werden. Die Brotscheiben können noch einmal – zum Beispiel im Toaster – aufgebacken werden.

Einen schnellen Aufstrich für dein Kind mixt du ganz unkompliziert aus klein gewürfelten Tomaten, Frischkäse und 1 Teelöffel 8-Kräuter-Mischung aus dem Tiefkühler.

ERDMANDEL-SCHOKO-AUFSTRICH

FÜR 1 SCHRAUBGLAS À 200 ML

125 g gemahlene Erdmandeln (ersatzweise Mandeln) • 75 g Kokosraspel • 1 ½ EL Kakaopulver • 2 Datteln • 50 ml Pflanzendrink • 1 Prise Salz (optional)

Zubereitungszeit: 10 Minuten

ZUBEREITUNG

- Erdmandeln und Kokosraspel in einen Hochleistungsmixer geben und ca. 2 Minuten pürieren. Gegebenenfalls vom Rand nach unten schieben und erneut für 1 Minute mixen.
- Kakao, Datteln und ca. 25 ml Pflanzendrink dazugeben und alles in 5 Minuten zu einem cremigen Aufstrich pürieren. Hierfür die Masse immer wieder vom Rand nach unten schieben und erneut pürieren. Je nach gewünschter Konsistenz bis zu 25 ml des restlichen Pflanzendrinks dazugießen. Optional Salz dazugeben.
- Der Aufstrich hält sich im Kühlschrank ca. 3 Tage frisch und kann auch portionsweise eingefroren werden.

NUSSIGE VARIATIONEN: Die Erdmandeln und Kokosraspel können nach Geschmack ausgetauscht werden. Es eignet sich auch eine Nussmischung aus dem Supermarkt.

KÖRNIGER TOFUKÄSE MIT KRÄUTERN

FÜR 1 SCHRAUBGLAS À 300 ML

1 Knoblauchzehe • 200 g Tofu natur • 100 g veganer Skyr • 1 ½ EL Apfelessig • 1 TL Olivenöl • 2 EL Hefeflocken • 3 EL TK-8-Kräuter-Mischung • Salz • frisch gemahlener schwarzer Pfeffer

Zubereitungszeit: 10 Minuten
Ruhezeit: über Nacht

ZUBEREITUNG

- Den Knoblauch schälen und durch eine Knoblauchpresse drücken. Den Tofu leicht ausdrücken und mit einem Küchentuch abtupfen. Anschließend mit den Händen fein zerbröseln.

- Skyr, Apfelessig, Öl, Hefeflocken, Kräuter und Gewürze dazugeben und alles gründlich verrühren. In ein Schraubglas mit Deckel füllen und über Nacht ziehen lassen.

BAGEL-BABY: Der körnige Tofukäse lässt sich mit ein paar dünnen Gurkenscheiben und aufgeschnittenen Tomaten auf einer Bagelhälfte servieren.

TIPP: Wer es tomatig mag, rührt 2 EL Tomatenmark in die Tofukäse-Mischung unter.

TOFUKÄSE MAL ANDERS: Die Basis aus Tofu und Skyr lässt sich vielfältig erweitern, z. B. durch püriertes Ofengemüse oder eingelegtes Gemüse aus dem Glas. Sie kann dann mit Kräutern mediterran oder mit etwas schärferen Gewürzen orientalisch gewürzt werden. Deiner Kreativität sind hier keine Grenzen gesetzt – vor allem wenn es um Resteverwertung geht.

JOGHURT-GRIEß-PANCAKES MIT MANGO

FÜR 4 PORTIONEN

- 250 g Naturjoghurt (ersatzweise Sojagurt)
- 140 ml Milch (ersatzweise Sojadrink)
- 100 g Dinkelmehl Type 630
- 50 g Dinkelgrieß
- 1 TL Weinstein-Backpulver
- 1 Msp. gemahlener Anis
- 2 TL Bratöl
- 1 große Mango
- optional: etwas Honig

ZUBEREITUNGSZEIT: 20 MINUTEN

ZUBEREITUNG

- 160 g Joghurt und Milch mit einem Schneebesen mischen. Mehl, Grieß, Backpulver sowie Anis zugeben und zügig mit dem Schneebesen unterrühren. Das Öl in eine große Pfanne pinseln und 6–8 Pancakes mit ca. 10 cm Durchmesser bei mittlerer Hitze ausbacken.

- In der Zwischenzeit die Mango schälen und das Fruchtfleisch vom Kern schneiden. 1/3 des Fruchtfleisches fein pürieren. Den Rest in 1 cm große Würfel schneiden. Die Pfannkuchen mit je 1 Klecks Joghurt, etwas Mangosauce sowie Mangowürfeln bestreut servieren. Nach Belieben mit Honig beträufeln.

TIPPS: Selbstverständlich passt auch anderes saisonales Obst perfekt zu den Pfannkuchen. Besonders mit Aprikosen und reifen Pfirsichen statt Mango schmecken diese Pancakes im Sommer.

Die Pfannkuchen eignen sich super für unterwegs oder für die Kita-Brotbox. Dazu lieber 12-14 kleine Pfannkuchen von 6 cm Durchmesser ausbacken. Die Mangowürfel kannst du in der Brotbox mit Snack-Piksern servieren.

BANANENBROT MIT ZIMTKRUSTE

FÜR 1 KASTENFORM À 30 CM LÄNGE

3 sehr reife Bananen • 100 ml neutrales Öl • 2 EL Essig • 250 ml Pflanzendrink • 200 g Mehl • 100 g Dinkelgrieß • 1 TL Weinstein-Backpulver • 1 TL Natron • ½ TL gemahlener Ceylon-Zimt • 2 EL Zucker

Zubereitungszeit: 10 Minuten
Backzeit: 40 Minuten

ZUBEREITUNG

- Die Bananen mit einer Gabel in einem flachen Teller sehr fein zerdrücken. In einer Schüssel mit Öl, Essig sowie Pflanzendrink mischen. Das Mehl, den Grieß sowie Backpulver und Natron dazugeben und zügig mit den Quirlen des Handrührers zu einem homogenen Teig kneten.

- Den Backofen auf 180 °C (Ober-/Unterhitze) vorheizen. Eine Kastenform mit Backpapier auslegen und den Teig einfüllen. Zimt und Zucker mischen. Entweder das ganze Bananenbrot oder nur die Hälfte mit der ganzen Menge Zimt und Zucker bestreuen und 40 Minuten backen.

ANANAS-KOKOS-SMOOTHIE

FÜR 4 PORTIONEN À 400 ML

2 reife Bananen • 300 g Ananasstücke aus dem Kühlregal oder tiefgekühlt • 400 g TK-Mango • 1 kleine Dose Kokosmilch (200 ml) • 200 ml Kokosdrink • Saft von ½ Limette

Zubereitungszeit: 5 Minuten

ZUBEREITUNG

- Die Bananen schälen und grob in Stücke brechen. Bananen mit Ananas, Mango, Kokosmilch und -drink in einen Smoothiemaker oder Standmixer geben und pulsierend zu einem cremigen Smoothie pürieren. Den Limettensaft dazugeben und erneut pürieren. Bis zur gewünschten Konsistenz ca. 50–100 ml Wasser dazugeben und pürieren.

- Auf 4 Gläser aufteilen und servieren.

MACH'S GRÜN: Wer mag, püriert eine Handvoll Spinat mit. Der Smoothie kann auch nur mit Tiefkühlobst zubereitet werden.

RESTEVERWERTUNG: Wenn vom Smoothie etwas übrig bleibt, können die Reste in Eisförmchen eingefroren und später als fruchtiges Smoothie-Eis serviert werden.

GRÜNKOHL-OBST-SMOOTHIE

FÜR 4 PORTIONEN À 400 ML

300 g Grünkohl • 1 Gurke • 1 Birne • 1 Apfel • Saft von ½ Zitrone • 150 g Joghurt • 100 ml Orangensaft • 300 ml Wasser

Zubereitungszeit: 5 Minuten

ZUBEREITUNG

- Den Grünkohl und die Gurke klein schneiden. Birne und Apfel klein schneiden, dabei das Kernhaus entfernen. Grünkohl mit Obst, Zitronensaft, Joghurt, Orangensaft und Wasser in einen Smoothiemaker oder Standmixer geben und pulsierend zu einem cremigen Smoothie pürieren.

- Auf 4 Gläser aufteilen und servieren.

EIER IM WECKGLAS

FÜR 4 PORTIONEN

2 Scheiben Kochschinken • ½ Bund Schnittlauch • 1 EL Öl • 150 g TK-Kaisergemüse • 4 Eier • Salz • frisch gemahlener schwarzer Pfeffer

Zubereitungszeit: 30 Minuten

ZUBEREITUNG

- Den Schinken in kleine Würfel schneiden. Den Schnittlauch abbrausen, trocken schütteln und in feine Röllchen schneiden. Die 4 Weckgläser mit etwas Öl einfetten. Einen großen, mit 4 cm Wasser befüllten Topf zum Sieden bringen.

- Das TK-Gemüse, den Schinken und den Schnittlauch auf die Gläser verteilen und die Eier einzeln aufschlagen und je 1 Ei pro Glas zugeben. Mit dem Glasdeckel ohne Gummiring abdecken und ca. 20 Minuten im Wasserbad sieden lassen. Dabei sollte das Wasser das Glas ca. halb hoch bedecken, aber nie sprudelnd kochen.

- Das Ei vor dem Servieren nach Belieben mit Salz und Pfeffer würzen.

TIPP: Kleinen Kindern macht es besonders Freude, getoastete Brotstreifen in das Ei zu dippen.

GEFÜLLTE LAUGENCROISSANTS

FÜR 10 STÜCK

150 g geriebener Gouda • 1 TL Paprikapulver edelsüß • 1 Packung Croissant- und Plunderteig (Kühlregal, 400 g, ersatzweise Blätterteig) • 50 g Speckwürfel • 2 TL Natron • 1 EL Sesam

Zubereitungszeit: 10 Minuten
Backzeit: 25 Minuten

ZUBEREITUNG

- Den Backofen auf 180 °C (Ober-/Unterhitze) vorheizen und ein Backblech mit Backpapier auslegen. Den Käse in einer Schüssel mit Paprikapulver mischen. Den Teig vorsichtig ausrollen und gleichmäßig mit Käse bestreuen. Den Teig in ca. 10 gleich große Dreiecke schneiden. Die breiten Teile mit Speck bestreuen und von dort zur Spitze hin möglichst dicht zum Croissant aufrollen. Die Croissants mit Abstand aufs Blech legen.

- Natron mit 2 EL heißem Wasser vermischen und rühren, bis es sich aufgelöst hat. Die Croissants damit einpinseln, mit Sesam bestreuen und im Ofen (Mitte) ca. 20–25 Minuten backen.

MACH'S VEGAN: Wer eine rein pflanzliche Alternative zubereiten möchte, greift auf veganen Blätterteig aus dem Kühlregal zurück. Statt der Speckwürfel für die Füllung geraspelten Räuchertofu auf den Teig streuen. Den Gouda durch veganen Reibekäse ersetzen.

FRÜHSTÜCKS-MINI-CROISSANTS

FÜR 4 PORTIONEN (60 STÜCK)

- 1 Packung Blätterteig (Kühlregal)
- 2 EL sehr weiche Butter (ersatzweise Margarine)
- 2 TL gemahlener Ceylon-Zimt
- 2 EL Milch (ersatzweise Pflanzendrink)

Zum Servieren:

- etwas gemahlener Ceylon-Zimt
- etwas Zucker
- 600 ml Milch (ersatzweise Pflanzendrink)
- 100 g Himbeeren

ZUBEREITUNGSZEIT: **20 MINUTEN**

BACKZEIT: **12 MINUTEN**

ZUBEREITUNG

- Den Backofen auf 200 °C (Ober-/Unterhitze) vorheizen. Ein Backblech mit Backpapier auslegen.

- Den Blätterteig ausrollen, gleichmäßig mit Butter bestreichen und dünn mit Zimt bestreuen. Den Blätterteig längs in 4 gleich breite Streifen schneiden. Aus jedem Streifen ca. 15 kleine Dreiecke schneiden. Von der breiten Seite her zu kleinen Croissants aufrollen und mit wenig Abstand auf das Blech legen. Mit Milch bepinseln.

- Im Ofen (Mitte) in ca. 10–12 Minuten goldbraun backen.

- In der Zwischenzeit die Himbeeren waschen und verlesen.

- Für ältere Kinder und Erwachsene über die restlichen noch warmen Croissants Zimt und Zucker streuen und vorsichtig vermischen. In einer Schüssel mit Milch oder Pflanzendrink und Beeren als Frühstück servieren.

SÜẞE SCHNECKEN: Auch süße Frucht- oder Schokoaufstriche eignen sich als Füllung für die kleinen Croissants. Statt zu Croissants geformt, können aus dünnen Streifen statt Dreiecken auch Schnecken gerollt werden.

WARME HAUPT-MAHLZEITEN

Egal ob am Mittag oder Abend, bei den meisten Familien gibt es meist einmal am Tag eine gemeinsame warme Mahlzeit, die im besten Fall allen Familienmitgliedern zusagt. Nicht nur die leeren Mägen werden dabei gefüllt, sondern auch die Bedürfnisse nach Nähe, Verbindung und Austausch beim gemeinsamen Miteinander. Wer Lust hat, plant die Mahlzeiten als Familie gemeinsam und macht das Einkaufen zum kleinen Event. Auch in der Küche kann zusammen vorbereitet, gewerkelt und gekocht werden. Dann schmeckt es doch gleich noch mal besser, und es können neue Kreationen entstehen. Egal ob mit Fisch und Fleisch oder als rein pflanzliche Varianten: Nährstoffreiche und ausgewogene Gerichte machen einfach Spaß!

BROKKOLI-CURRY

FÜR 4 PORTIONEN

- 1 Zwiebel
- 1 Knoblauchzehe
- 1 cm Ingwer
- 300 g Vollkorn-Basmatireis
- 1 Dose Kichererbsen
- 150 g rote Linsen
- 1 EL Kokosöl
- 2 EL Tomatenmark
- 3 TL Currypulver
- 1 Dose Kokosmilch (400 ml)
- 1 Dose stückige Tomaten (400 g)
- 200 g Tofu natur
- 300 g TK-Brokkoli
- 2 EL Erdnussmus
- 1 EL Zitronensaft
- 2 EL Hefeflocken

Für die Großen:

- 1 Handvoll Erdnüsse
- Salz
- etwas frischer Koriander
- frisch gemahlener schwarzer Pfeffer

ZUBEREITUNGSZEIT: 35 MINUTEN

ZUBEREITUNG

- Die Zwiebel, Knoblauch und Ingwer schälen und fein würfeln. Den Reis in einem Sieb abspülen (oder einweichen lassen und abspülen). Nach Packungsanleitung garen.

- In der Zwischenzeit die Kichererbsen im Sieb abspülen und zur Seite stellen. Die Linsen ebenfalls im Sieb abspülen (oder vorher einweichen und abspülen).

- Das Kokosöl in einem großen Topf erhitzen und die Zwiebel darin 4 Minuten bei mittlerer Hitze anschwitzen. Knoblauch und Ingwer dazugeben und kurz mit anschwitzen. Tomatenmark und Currypulver dazugeben und unter Rühren 2 Minuten mit anschwitzen. Die Linsen dazugeben.

- Alles mit Kokosmilch und Tomaten ablöschen. 200 ml Wasser dazugeben. Alles verrühren und einmal aufkochen.

- In der Zwischenzeit den Tofu würfeln und dazugeben. Die Kichererbsen und den Brokkoli dazugeben und alles bei kleiner Hitze abgedeckt weitere 5 Minuten sanft köcheln lassen.

- Erdnussmus, Zitronensaft und Hefeflocken dazugeben, alles verrühren und das Curry mit Reis servieren.

- Für die Erwachsenen optional mit frischem Koriander und Erdnüssen toppen.

TIEFKÜHLER FÜLLEN: Das Gericht kann gut in doppelter Menge gekocht und portionsweise eingefroren werden.

BROKKOLI MAC 'N' CHEESE

FÜR 4 PORTIONEN

1 Zwiebel • 2 Knoblauchzehen • 500 g Brokkoli • 40 g Butter • 30 g Mehl • 600 ml Milch • 2 Prisen frisch geriebene Muskatnuss • 2 TL Paprikapulver edelsüß • 500 ml Wasser • 500 g Pasta • 30 g geriebener Parmesan • 150 g geriebener Gouda • Salz • frisch gemahlener schwarzer Pfeffer

Zubereitungszeit: 25 Minuten

ZUBEREITUNG

- Die Zwiebel und den Knoblauch schälen und fein würfeln. Wasser in einem großen Topf zum Sieden bringen. Den Brokkoli waschen, putzen und im Ganzen mit den Röschen nach unten im Topf in ca. 10 Minuten bissfest garen. Anschließend herausnehmen, in mundgerechte Röschen schneiden.

- Inzwischen in einem großen Topf die Butter schmelzen lassen. Zwiebel und Knoblauch dazugeben und anbraten lassen. Das Mehl mit einstäuben und mit einem Schneebesen klümpchenfrei einrühren und alles kurz anschwitzen. Nach und nach unter ständigem Rühren die Milch angießen. Alles einmal aufkochen lassen. Die Gewürze und das Wasser dazugeben und verrühren. Die Nudeln dazugeben und ca. 2–4 Minuten länger als auf der Packung angegeben al dente garen. Den Topf vom Herd nehmen, Käse und Brokkoli dazugeben, unterrühren und in wenigen Minuten schmelzen lassen.

- Mit Salz und Pfeffer abschmecken.

SCHNELLES GEMÜSE: Um das Rezept noch schneller zubereiten zu können, einfach auf TK-Brokkoli zurückgreifen. Dieser kann aufgetaut 5 Minuten vor Ende der Pasta-Garzeit einfach in den Topf dazugegeben werden.

GNOCCHIPFANNE MIT HÄHNCHEN UND SPINAT

FÜR 4 PORTIONEN

1 Zwiebel • 3 Knoblauchzehen • 300 g Babyspinat • 300 g Hähnchenbrustfilet • 4 EL Bratöl • 2 TL Paprikapulver edelsüß • 800 g Kartoffelgnocchi • 200 g Sahne • 200 ml Milch • 2 Prisen frisch geriebene Muskatnuss • 1 EL Zitronensaft • 200 g geriebener Käse (z. B. Parmesan oder Gruyère) • Salz • frisch gemahlener schwarzer Pfeffer

Zubereitungszeit: 20 Minuten

ZUBEREITUNG

- Die Zwiebel und den Knoblauch schälen und fein würfeln. Den Spinat in einem Sieb kalt abbrausen, verlesen und abtropfen lassen.

- Das Hähnchenbrustfilet kalt abwaschen, trocken tupfen und säubern. In Streifen schneiden.

- 3 EL Öl in einer großen hohen Pfanne erhitzen und das Fleisch darin rundherum bei hoher Hitze scharf anbraten. Mit Paprikapulver würzen und herausnehmen.

- Das restliche Öl (1 EL) erhitzen und die Gnocchi darin bei mittlerer bis hoher Hitze rundherum ca. 5 Minuten anbraten. Zwiebel und Knoblauch dazugeben und 3 Minuten mitbraten. Die Sahne und Milch dazugießen und alles mit Muskatnuss und Zitronensaft würzen. Das Fleisch und den Spinat dazugeben und alles bei kleiner Hitze 5 Minuten ziehen lassen. Den Käse dazugeben, unterrühren und schmelzen lassen.

- Gegebenenfalls die Kinderportion entnehmen und den Rest kräftig mit Salz und Pfeffer abschmecken.

MACH'S VEGETARISCH: Statt Hähnchenbrust können einfach Austernpilze verwendet werden.

TOFURÖSTI MIT APFELMARK

FÜR 4 PORTIONEN

200 g Räuchertofu • 1 Bund Petersilie • 700 g festkochende Kartoffeln • 2 EL Speisestärke • 1 EL geschälte Hanfsamen (ersatzweise Sesam) • 8 EL Bratöl • Salz • frisch gemahlener schwarzer Pfeffer • 300 g Apfelmark

Zubereitungszeit: 45 Minuten

ZUBEREITUNG

- Den Tofu auspacken und zwischen zwei Teller legen. Mit einem Gewicht beschweren und 10 Minuten entwässern lassen. Die Petersilie waschen, trocken schütteln und fein hacken. Die Kartoffeln schälen und zur Hälfte grob und zur Hälfte fein reiben. Den Tofu grob reiben. Beides mit Stärke, geschälten Hanfsamen und Petersilie gut mischen.

- In zwei Pfannen mit reichlich Öl zeitgleich je 3 Rösti ausbacken. Die Rösti dabei ca. 9 cm Durchmesser groß und 0,5 cm hoch formen. Nachdem eine Portion für die Kinder ausgebacken ist, den Rest des Teiges mit Salz und Pfeffer würzen.

- Die Rösti auf Küchenpapier abtropfen lassen und mit Apfelmark servieren.

KOMBI-TIPP: Die Rösti schmecken nicht nur mit Apfelmark, sondern auch mit einer herzhaften Rahmsauce mit Paprika, Pilzen und Sahne sehr lecker.

MEDITERRANES OFENGEMÜSE MIT HALLOUMI

FÜR 4 PORTIONEN

2 Auberginen (ca. 600 g) • 2 Zucchini (ca. 500 g) • 3 Knoblauchzehen • 1 Glas Kichererbsen (320 g Abtropfgewicht) • 3 EL Öl • je 1 TL getrockneter Rosmarin, Thymian und Oregano • ½ TL geräuchertes Paprikapulver • 1 TL Paprikapulver edelsüß • 250 g Halloumi • 50 g Pinienkerne • 50 g getrocknete Tomaten in Öl • 250 g Magerquark • 1 Schuss Milch • 1 EL TK-Basilikum • Salz • frisch gemahlener schwarzer Pfeffer

Zubereitungszeit: 20 Minuten
Backzeit: 20 Minuten

ZUBEREITUNG

- Die Auberginen und Zucchini waschen und ca. 1,5 cm groß würfeln. Den Knoblauch schälen und in feine Scheiben schneiden. Die Kichererbsen in ein Sieb geben, abspülen und abtropfen lassen. Alles in eine Schüssel geben.

- Den Backofen auf 220 °C (Ober-/Unterhitze) vorheizen und ein Backblech mit Backpapier auslegen.

- Das Öl und die Gewürze in die Schüssel dazugeben und alles gründlich vermischen. Auf das Blech geben und verteilen. Den Halloumi 1,5 cm groß würfeln und ebenfalls auf dem Blech verteilen.

- Im Ofen (Mitte) ca. 20 Minuten backen lassen.

- Inzwischen die Pinienkerne grob hacken. Die Tomaten fein würfeln. Den Quark in eine Schüssel geben, 1 Schuss Milch unterrühren, Basilikum, Pinienkerne, Tomatenwürfel und 1 EL Öl von den Tomaten dazugeben und alles gründlich verrühren. Mit Salz und Pfeffer abschmecken.

- Dazu passt ein im Ofen aufgebackenes Baguette oder Fladenbrot.

MACH'S VEGAN: Wer das Gericht vegan zubereiten möchte, kann statt Halloumi geräucherten Tofu verwenden und diesen in Würfel geschnitten auf das Blech geben. Statt Magerquark einfach auf eine vegane Quarkalternative, z. B. auf Sojabasis, zurückgreifen.

KARTOFFELPÜREE MIT PILZ-RAHMSAUCE

FÜR 4 PORTIONEN

- 1 kg mehligkochende Kartoffeln
- 100 ml Milch (ersatzweise Pflanzendrink)
- 2 Lorbeerblätter
- 1 Zwiebel
- 1 Knoblauchzehe
- 1 kg Pilze
- 3 EL Olivenöl
- 2 EL Tomatenmark
- 300 g Sahne (ersatzweise Soja-Cuisine)
- 1 Msp. abgeriebene Zitronenschale
- Salz
- frisch gemahlener schwarzer Pfeffer
- 1 EL Butter (ersatzweise 1 EL Cashewmus)
- 1 Prise frisch geriebene Muskatnuss

ZUBEREITUNGSZEIT: 35 MINUTEN

ZUBEREITUNG

- Die Kartoffeln schälen und grob würfeln. In einem großen Topf mit 100 ml Wasser, Milch und Lorbeerblättern zugedeckt in ca. 30 Minuten gar kochen.

- In der Zwischenzeit die Zwiebel und den Knoblauch schälen und fein würfeln. Die Pilze putzen, mit einem feuchten Tuch abreiben und in feine Scheiben schneiden. Das Öl in einer großen Pfanne erhitzen, die Zwiebel, den Knoblauch und die Pilze dazugeben und bei hoher Hitze ca. 6 Minuten unter Rühren anbraten. Dann weitere 6 Minuten bei mittlerer Hitze garen.

- Die Pilze in der Pfanne zur Seite schieben und das Tomatenmark in die Mitte geben. Unter Rühren anrösten, dann mit den Pilzen mischen. Mit der Sahne ablöschen und für 1 Minute aufkochen. Die Sauce mit Zitronenschale, Salz und einem Hauch Pfeffer würzen.

- Die Kartoffeln abschütten, dabei die Flüssigkeit auffangen und die Lorbeerblätter entsorgen. Die Kartoffeln mit dem Kartoffelstampfer fein zerdrücken, dabei nach und nach so viel Kochflüssigkeit dazugeben, bis ein cremiges Püree entsteht. Butter untermischen, mit Salz, Pfeffer und Muskat abschmecken.

- Das Püree mit der Pilz-Rahmsauce servieren.

KARTOFFELECKEN MIT KRÄUTERHUMMUS

FÜR 4 PORTIONEN

1 kg festkochende Kartoffeln • 6 EL Öl • 1 TL Paprikapulver edelsüß • 4 EL Polenta • Salz • 1 Glas Kichererbsen (240 g Abtropfgewicht) • 2 EL Tahin (Sesammus) • 4 Eiswürfel • 1 Bund frische Gartenkräuter • etwas Chilipulver

Zubereitungszeit: 20 Minuten
Backzeit: 30 Minuten

ZUBEREITUNG

- Den Backofen auf 180 °C (Umluft) vorheizen. Die Kartoffeln mit der Gemüsebürste sehr gut waschen und in ca. 2 cm dicke Wedges schneiden. 3 EL Öl mit Paprika edelsüß mischen und über die Kartoffeln geben. Alles gut mischen, dann mit Polenta bestreuen, mischen und auf einem Backblech verteilen. Alle Kartoffeln oder nur einen Teil salzen. Ca. 30 Minuten backen.

- In der Zwischenzeit die Kichererbsen abgießen, sehr gut abspülen und in einen hohen Mixbecher geben. Das Tahin, die Eiswürfel sowie das restliche Olivenöl zugeben und zügig cremig mixen. Die Kräuter waschen, leicht trocken schütteln, grob hacken und zum Hummus geben und erneut kurz durchmixen. Einen Teil Hummus für die Großen kräftig mit Salz und Chilipulver würzen.

QUICHE MIT POLENTABODEN

FÜR 1 SPRINGFORM À 30 CM DURCHMESSER BZW. 12 STÜCKE

600 ml Gemüsebrühe • 200 g Polenta • ½ Hokkaido-Kürbis • 1 kleine Stange Lauch • 1 rote Zwiebel • 300 g Seidentofu • 3 EL Hefeflocken • 3 EL Zitronensaft • 1 TL Paprikapulver edelsüß • Salz • 80 g veganer Reibekäse • ***Außerdem:*** Fett und Semmelbrösel für die Form

Zubereitungszeit: 25 Minuten
Backzeit: 35 Minuten

ZUBEREITUNG

- Die Brühe in einem kleinen Topf erhitzen, Polenta dazugeben und unter Rühren aufkochen. Den Herd ausschalten und die Polenta unter Rühren weiter aufquellen lassen. In der Zwischenzeit eine Springform mit Backpapier auslegen oder eine Porzellan-Quicheform sehr gut einfetten und mit Semmelbröseln ausstreuen.

- Den Kürbis waschen, entkernen und 1 cm groß würfeln. Den Lauch putzen, waschen und in 0,5 cm dicke Scheiben schneiden. Die Zwiebel schälen und fein würfeln.

- Die Polentamasse in die Form geben und glatt streichen, dabei einen ca. 1–2 cm hohen Rand formen. Das Gemüse darauf verteilen. Den Backofen auf 180 °C (Ober-/Unterhitze) vorheizen.

- In einem hohen Mixbecher Seidentofu, Hefeflocken, Zitronensaft sowie Paprikapulver fein pürieren. Leicht salzen und den Reibekäse untermischen. Über dem Gemüse verteilen und im Ofen (Mitte) bei 180 °C (Ober-/Unterhitze) ca. 35 Minuten backen.

AUSTAUSCH-TIPP: Für dieses Rezept können statt Kürbis Möhren oder Süßkartoffeln verwendet werden. Wer auf Lauch verzichten mag, verdoppelt die Zwiebelmenge.

KÜRBIS-GNOCCHI MIT SALBEIBUTTER

FÜR 4 PORTIONEN

1,3 kg Hokkaido-Kürbis • 1 Bund Salbei • 300 g Mehl • 1 Prise Salz • 2 Prisen frisch geriebene Muskatnuss • 2 Eier • 100 g Butter • frisch gemahlener schwarzer Pfeffer • ***Außerdem:*** Spritzbeutel

Zubereitungszeit: 45 Minuten

ZUBEREITUNG

- Den Backofen auf 180 °C (Ober-/Unterhitze) vorheizen. Den Kürbis waschen, putzen, halbieren, entkernen und in 2 cm dicke Spalten schneiden. Diese in einer Auflaufform 30 Minuten backen.

- In der Zwischenzeit den Salbei waschen, trocken schütteln und grob hacken.

- Den Kürbis in einer hohen Schüssel zügig pürieren, dann das Mehl, Salz, Muskatnuss sowie Eier unterrühren und mit einem Löffel zügig zu einem geschmeidigen Teig rühren. Nicht zu lange rühren.

- In einem großen Topf Wasser zum Sieden bringen. Den Kürbisteig in einen stabilen Spritzbeutel füllen, die Spitze 1 cm breit abschneiden. Den Spritzbeutel dicht übers Wasser halten und die Gnocchi mit einer Schere alle 1,5 cm breit abschneiden und so lange sieden lassen, bis sie ca. 2 Minuten oben schwimmen. Alle Gnocchi nach und nach zubereiten.

- Die Butter in einer großen Pfanne zerlassen, den Salbei und die Gnocchi dazugeben und 2 Minuten durchschwenken.

- Für die Erwachsenen mit frisch gemahlenem Pfeffer servieren.

SCHWEINESCHNITZEL MIT GEMÜSESTICKS

FÜR 4 PORTIONEN BZW. 1 AUFLAUFFORM À 34 × 23 CM

4 große Kartoffeln • 2 große Möhren • 1 rote Paprikaschote • 4 große Champignons • 1 EL Öl • 1 TL Kräuter der Provence • 2 Zwiebeln • 2 Knoblauchzehen • 4 Schweineschnitzel (à ca. 125 g) • 15 g Butter • ½ EL Mehl • 1 TL Paprikapulver edelsüß • 200 g Sahne • 200 g Frischkäse • 250 ml Gemüsebrühe • Salz • frisch gemahlener schwarzer Pfeffer • 50 g Parmesan

Zubereitungszeit: 35 Minuten
Backzeit: 30 Minuten

ZUBEREITUNG

- Das Gemüse vorbereiten. Die Kartoffeln und Möhren schälen und in Pommesgroße Stücke schneiden. Die Paprika waschen, halbieren und die Kerne und weißen Trennwände entfernen. Das Fruchtfleisch in Streifen schneiden. Die Champignons mit einem feuchten Tuch säubern und achteln. Das Gemüse in einer Schüssel mit Öl und Kräutern mischen.

- Die Zwiebeln und den Knoblauch schälen und fein würfeln. Den Ofen auf 180 °C (Umluft) vorheizen.

- Die Schnitzel mit einem Fleischklopfer oder einer Pfanne leicht flach klopfen. Die Butter in einer großen Pfanne erhitzen und die Schnitzel darin bei hoher Hitze ca. ½ Minute pro Seite scharf anbraten, herausnehmen und in die Auflaufform legen. Zwiebeln und Knoblauch in die Pfanne geben und bei mittlerer Hitze ca. 3 Minuten rundherum anbraten. Alles mit Mehl bestäuben und kurz bräunen. Paprikapulver, Sahne, Frischkäse und Brühe dazugeben. Alles verrühren und einmal aufkochen lassen. Bei kleinster Hitze in ca. 5 Minuten andicken lassen. Mit Salz und Pfeffer abschmecken. Das Gemüse zu den Schnitzeln in die Form geben und die Sauce über die Schnitzel gießen. Alles mit Parmesan bestreuen. Gemüse und Schnitzel im Ofen ca. 25–30 Minuten backen lassen.

FLEISCH-VARIATION: Statt Schweinefleisch kann auch Rind- oder Hähnchenfleisch gewählt werden. Die Backzeit verkürzt sich hier gegebenenfalls um bis zu 5 Minuten.

LACHS MIT OFENKARTOFFELN VOM BLECH

FÜR 4 PORTIONEN

- 4 Knoblauchzehen
- 1 Biozitrone
- 4 Lachsfilets à ca. 150 g
- 1 gelbe Paprikaschote
- 1 rote Paprikaschote
- 1 Zucchini
- 4 EL Olivenöl
- Salz
- frisch gemahlener schwarzer Pfeffer
- 180 g Feta
- 800 g Biokartoffeln
- je 1 TL getrockneter Thymian, Oregano, Paprikapulver edelsüß

ZUBEREITUNGSZEIT: 30 MINUTEN

BACKZEIT: 40 MINUTEN

ZUBEREITUNG

- Den Ofen auf 180 °C (Umluft) vorheizen.

- Den Knoblauch schälen und in feine Scheiben schneiden. Die Zitrone heiß abwaschen, trocken reiben und in Scheiben schneiden. Den Lachs kalt abspülen und mit Küchenpapier trocken tupfen. Gegebenenfalls Gräten entfernen.

- Den Lachs in eine Auflaufform legen und die Zitronenscheiben darauf verteilen. Die Paprika waschen, halbieren und die Trennwände und Kerne entfernen. In ca. 1,5 cm große Stücke schneiden. Die Zucchini waschen und ca. 2 cm groß würfeln. Das vorbereitete Gemüse mit 2 EL Öl, ca. 1/3 des Knoblauchs, Salz und Pfeffer mischen und in der Auflaufform verteilen. Den Feta darüberbröseln und im Ofen ca. 40 Minuten backen.

- Währenddessen die Kartoffeln mit einer Bürste gründlich abwaschen und in Würfel schneiden. Die Kartoffeln und die restlichen 2/3 des Knoblauchs in eine Schüssel geben. Das restliche Öl (2 EL) in ein Schraubglas mit Deckel schütten, 1 TL Salz und die Kräuter und das Paprikapulver dazugeben. Verschließen und kurz durchschütteln. Das Kräuter-Gewürz-Öl über die Kartoffeln geben und gründlich durchmischen. Alles auf ein Blech geben und verteilen. Im Ofen ca. 20–25 Minuten goldbraun backen.

FISCH-VARIATION: Statt Lachs können auch andere Fischfilets wie Kabeljau, Rotbarsch oder Wolfsbarsch zubereitet werden. Je nach Fischart und Dicke der Filets kann die Garzeit variieren.

PILZ-SPIEßE VOM GRILL MIT KRÄUTERJOGHURT

FÜR 4 PORTIONEN

1 Biolimette • 400 g braune Champignons • 3 EL Olivenöl • 1 TL getrockneter Thymian • 1 TL mildes Currypulver • ½ Bund Gartenkräuter • 1 Prise Salz • 250 g Joghurt

Zubereitungszeit: 30 Minuten

ZUBEREITUNG

- Die Limette heiß abwaschen, trocken reiben, 1 TL Schale abreiben und den Saft auspressen. Die Pilze putzen, mit einem feuchten Tuch abreiben und trockene Stielenden abschneiden. Die Pilze auf 4 Schaschlikspieße aufspießen. In einer kleinen Schüssel Olivenöl, Thymian, Currypulver und 2 EL Limettensaft mischen. Die Pilze damit einpinseln und 2–3 Minuten von jeder Seite auf dem heißen Grill grillen.

- Für den Kräuterjoghurt die Kräuter kalt abbrausen, trocken schütteln, Blättchen abzupfen und fein hacken. Zusammen mit der Limettenschale, dem restlichen Limettensaft, Salz und dem Joghurt mischen und zu den Pilzen servieren. Für die Kinder die Pilze vorab von den Spießen streifen.

TIPP: Die Spieße kann man auch mit anderem Gemüse »pimpen«, z. B. mit Zucchiniwürfeln oder Paprikastücken.

PFANNKUCHENROLLE MIT DREIERLEI TOMATENFÜLLUNG

FÜR 4 PORTIONEN

2 Eier • 240 ml Milch • 120 g Dinkelvollkornmehl • 3 getrocknete Tomaten • 150 g Cocktailtomaten • 100 g Tomaten-Frischkäse (ersatzweise veganer Tomatenaufstrich) • 3 Stiele Basilikum

Zubereitungszeit: 15 Minuten
Backzeit: 12 Minuten

ZUBEREITUNG

- Die Eier in eine Schüssel aufschlagen und zusammen mit der Milch mit den Quirlen des Handrührers mischen. Mehl dazugeben und erneut glatt rühren.

- Den Backofen auf 210 °C (Ober-/Unterhitze) vorheizen und ein Backblech mit Backpapier auslegen. Den Teig vorsichtig darauf verteilen und fast bis zum Rand streichen. Im Ofen (Mitte) 12 Minuten backen.

- Inzwischen die getrockneten Tomaten sehr fein hacken. Die frischen Tomaten waschen und vierteln. Beides unter den Tomatenfrischkäse mischen. Das Basilikum waschen, trocken schütteln, Blättchen abzupfen und fein hacken.

- Den Pfannkuchen aus dem Ofen holen und abkühlen lassen. Dann vom Backpapier lösen, mit Frischkäse bestreichen, mit Basilikum bestreuen und der Länge nach aufrollen. Zum Servieren in 2 cm breite Rollen schneiden.

MACH'S SÜß: Der Pfannkuchen aus dem Ofen kann auch mit einer süßen Füllung serviert werden. Dazu 100 g Crème fraîche mit ½ TL gemahlenem Ceylon-Zimtpulver und 1 fein gewürfelten Birne verrühren.

NUDELTORTE MIT BERGKÄSE

FÜR 1 SPRINGFORM À 28 CM DURCHMESSER

- 280 g Spirelli
- 1 Zwiebel
- 1 Knoblauchzehe
- 2 EL Bratöl
- 350 g TK-Grünkohl
- 1 rote Paprikaschote
- 120 g Bergkäse
- 100 ml Gemüsebrühe
- 1 EL Speisestärke
- 200 g Frischkäse
- 2 Eier
- je 1 TL Paprikapulver edelsüß, Currypulver und getrocknete italienische Kräuter

Außerdem:

- etwas Fett für die Backform

ZUBEREITUNGSZEIT: 25 MINUTEN

BACKZEIT: 30 MINUTEN

ZUBEREITUNG

- Die Nudeln in kochendem Wasser al dente garen. In der Zwischenzeit die Zwiebel und den Knoblauch schälen und beides fein würfeln. In einer großen Pfanne das Öl erhitzen und Zwiebel, Knoblauch sowie Grünkohl darin ca. 5 Minuten anbraten. Die Paprika waschen, halbieren, entkernen und 0,5 cm groß würfeln. Ebenfalls in die Pfanne dazugeben und weitere 5 Minuten braten.

- Die Pfanne vom Herd nehmen und den Inhalt in eine große Schüssel füllen und abkühlen lassen. Die Nudeln in ein Sieb abgießen. Den Käse fein reiben. Die Springform gut einfetten.

- In einem Messbecher Gemüsebrühe, Speisestärke, Frischkäse, Eier sowie die Gewürze sehr gut mischen. Den Backofen auf 200 °C (Ober-/Unterhitze) vorheizen. Den Guss zusammen mit den Nudeln zum Gemüse geben und alles mischen. In die Springform füllen, flach streichen und mit Käse bestreut ca. 25–30 Minuten backen.

- Die Nudeltorte vor dem Servieren und Schneiden 10 Minuten ruhen lassen.

AUSTAUSCH-TIPP: Dieses Rezept lässt sich beliebig variieren, statt Spirelli können Penne oder Rigatoni verwendet werden, statt Grünkohl auch Spinat und statt Paprika Möhren.

GRÖSTLPFANNE MIT ROSENKOHL

FÜR 4 PORTIONEN

600 g Pellkartoffeln vom Vortag • 3 EL Bratöl • 2 rote Zwiebeln • 300 g aufgetauter TK-Rosenkohl • je ½ TL getrockneter Majoran und Thymian • Salz

Zubereitungszeit: 30 Minuten

ZUBEREITUNG

- Die Kartoffeln schälen und in 2 cm große Würfel schneiden. Das Öl in einer großen Pfanne oder einem gusseisernen Topf erhitzen und die Kartoffeln darin 4 Minuten bei hoher Hitze anbraten, dann auf mittlere Hitze reduzieren.

- Die Zwiebeln schälen, halbieren und in feine Halbringe schneiden. Zu den Kartoffeln geben und weitere 5 Minuten braten. Dann den Rosenkohl zugeben und alles knusprig anbraten, bis Röstaromen entstehen. Mit Majoran und Thymian würzen. Die Portion für die Großen mit Salz würzen.

TIPP: Das Gericht stammt aus der österreichischen Küche und wird entweder mit Bauchspeck oder Spiegelei serviert. In der Basisvariante ist es vegan, kann aber nach Belieben mit 100 g Bauchspeck (gewürfelt zusammen mit den Zwiebeln zugeben) oder 4 Spiegeleiern ergänzt werden.

KÄSEKNÖDEL MIT SALBEIBUTTER

FÜR 4 PORTIONEN

4 große Brötchen vom Vortag • 300 ml Milch • 200 g Raclettekäse • ½ Bund Petersilie • 1 Ei • 1 Prise frisch geriebene Muskatnuss • 2 EL Bratöl • 60 g Butter • ½ Bund Salbei

Zubereitungszeit: 30 Minuten

ZUBEREITUNG

- Die Brötchen in 1–2 cm große Würfel schneiden und in eine Schüssel geben. Die Milch erhitzen, über die Brötchen gießen und einweichen lassen.

- In der Zwischenzeit den Raclettekäse sehr fein schneiden. Die Petersilie waschen, trocken schütteln und fein hacken.

- Die eingeweichten Brötchen mit den Händen gut durchkneten, bis eine klebrige Masse entsteht. Petersilie, Käse, Ei und 1 Prise Muskat dazugeben und alles mischen.

- Das Öl in einer großen Pfanne erhitzen. Mit feuchten Händen ca. 8 flache Knödel formen und diese von beiden Seiten je ca. 6 Minuten anbraten.

- In einem kleinen Topf die Butter zerlassen. Den Salbei waschen, trocken schütteln, die Blättchen abzupfen und grob hacken. 1 Minute vor dem Servieren zur Butter geben. Die Knödel mit etwas Salbeibutter beträufelt servieren.

TIPPS: Anstatt den Brötchen vom Vortag kann auch altbackenes Brot verwendet werden (4 Scheiben, ca. 250-300 g).

Für Picky Eater kann die Petersilie einfach weggelassen werden.

PASTA MIT TOMATEN-MANGO-SAUCE

FÜR 4 PORTIONEN

4 Knoblauchzehen • 1 Zwiebel • 2 EL Olivenöl • 1 reife Mango • 1 TL Paprikapulver edelsüß • ½ TL geräuchertes Paprikapulver • 400 g stückige Tomaten • 350 g Strozzapreti, Linguine oder Farfalle • ***Für die Großen:*** Salz • 1 Msp. Chilipulver

Zubereitungszeit: 30 Minuten

ZUBEREITUNG

- Den Knoblauch schälen und in hauchfeine Scheibchen schneiden. Die Zwiebel schälen und fein würfeln. Das Öl in einer Pfanne mit Deckel erhitzen und die Zwiebel darin ca. 4 Minuten bei mittlerer Hitze anbraten.

- Die Mango schälen und das Fruchtfleisch in 0,5 cm große Würfel schneiden. Mango und Knoblauch zugeben und 2 Minuten mitbraten, mit edelsüßem und geräuchertem Paprikapulver würzen, dann mit Tomaten ablöschen. Alles gut mischen und bei kleiner Hitze zugedeckt ca. 20 Minuten garen, dabei immer mal wieder umrühren.

- Währenddessen die Pasta in kochendem Wasser al dente garen. Die Tomaten-Mango-Sauce für die Großen mit Salz und Chilipulver würzig abschmecken.

HASSELBACK-SÜẞKARTOFFELN MIT SPINAT-DAL

FÜR 4 PORTIONEN

4 längliche Süßkartoffeln à ca. 250 g • 4 EL Olivenöl • je ½ TL Paprikapulver edelsüß, rosenscharf und geräuchert • 2 Knoblauchzehen • 1 Zwiebel • 125 g Babyspinat • 1 Dose Kokosmilch (400 ml) • 200 g gelbe Linsen • Salz

Zubereitungszeit: 30 Minuten
Backzeit: 50 Minuten

ZUBEREITUNG

- Den Backofen auf 180 °C (Ober-/Unterhitze) vorheizen. Die Süßkartoffeln sehr gut mit der Gemüsebürste unter fließendem Wasser abschrubben. Die Süßkartoffeln alle 2–3 mm fast bis zum Boden einschneiden, sodass sie sich auffächern lassen. Dabei können zur Begrenzung zwei Essstäbchen rechts und links an die Kartoffeln gelegt werden, sodass nicht die Gefahr besteht, dass man sie ganz durchschneidet.

- Das Öl mit dem edelsüßen Paprikapulver mischen und 2 Süßkartoffeln damit einpinseln. Den Rest der Gewürze zugeben und die beiden weiteren Kartoffeln damit einpinseln. In eine große Auflaufform legen und 20 Minuten backen.

- In der Zwischenzeit den Knoblauch schälen und durch die Knoblauchpresse drücken. Die Zwiebel schälen und fein würfeln. Den Spinat waschen. In einem kleinen Topf 100 ml Wasser, Kokosmilch, Spinat, Knoblauch und Zwiebel erhitzen.

- Die Auflaufform aus dem Ofen ziehen, die Linsen auf dem Boden der Auflaufform verteilen, die Flüssigkeit über die Linsen gießen, die Kartoffeln mit dem Rest des Öls einpinseln und weitere 30 Minuten garen.

- Die Hasselback-Süßkartoffeln auf dem Dal servieren. Für die Erwachsenen mit Salz würzen.

AUSTAUSCH-TIPP: Für dieses Rezept können natürlich auch normale große Kartoffeln verwendet werden.

ONE-POT-PASTA MIT GARNELEN UND MANGOLD

FÜR 4 PORTIONEN

- 550 g TK-Garnelen (aufgetaut)
- 2 Knoblauchzehen
- 2 EL Bratöl
- 2 TL getrockneter Thymian
- Salz
- frisch gemahlener schwarzer Pfeffer
- 1 TL mildes Currypulver
- 1 Dose Kokosmilch (400 ml)
- 350 g Penne
- 450 g TK-Mangold (ersatzweise TK-Spinat)
- 1 Biozitrone
- 2 EL Erdnussmus

ZUBEREITUNGSZEIT: 30 MINUTEN

ZUBEREITUNG

- Die Garnelen unter kaltem Wasser abwaschen und trocken tupfen. Den Knoblauch schälen und fein würfeln.

- Das Öl in einer großen, hohen Pfanne erhitzen und die Garnelen und den Knoblauch darin bei hoher Hitze rundherum von beiden Seiten ca. 3 Minuten anbraten. Gegebenenfalls mit einem Küchenkrepp die Flüssigkeit herausnehmen. Mit Thymian, Salz und Pfeffer würzen. Anschließend aus der Pfanne nehmen.

- Das Currypulver kurz in der Pfanne anrösten. Die Kokosmilch und 200 ml Wasser angießen und Nudeln dazugeben. Aufkochen lassen, einmal umrühren, den Mangold dazugeben und alles zugedeckt bei kleiner Hitze ca. 10 Minuten köcheln lassen. Dabei gelegentlich umrühren.

- Die Zitrone heiß abwaschen, trocken reiben und ca. 1 TL Schale abreiben. Die Zitrone halbieren und die eine Hälfte auspressen. Zitronenabrieb und -saft sowie Erdnussmus dazugeben und unterrühren.

SPICY: Wenn keine Kleinkinder mehr mitessen oder mehr Schärfe ins Gericht kommen darf, können die Garnelen mit Cayennepfeffer abgeschmeckt werden, und statt einem milden Currypulver können 2 TL Thai-Currypaste verwendet werden.

SCHWEINELENDE VOM GRILL

FÜR 4 PORTIONEN

3 Knoblauchzehen • 50 ml Balsamicoessig • 40 ml Olivenöl • 1 EL Sojasauce • 1 TL brauner Zucker • 1 Zweig Rosmarin • 1 Schweinelende • 1 Weißbrot

Zubereitungszeit: 40 Minuten
Wartezeit: 2 Stunden

ZUBEREITUNG

- Den Knoblauch schälen und mit der Knoblauchpresse in eine längliche Schüssel durchdrücken. Essig, Öl, Sojasauce sowie Zucker zugeben. Den Rosmarin waschen, trocken schütteln, die Nadeln abzupfen und fein hacken. Ebenfalls zur Marinade geben und die Schweinelende darin ca. 2 Stunden marinieren.

- Den Grill auf volle Hitze aufheizen. Die Schweinelende über direkter Hitze rundherum goldbraun angrillen, dann weitere 20–25 Minuten auf indirekter Hitze fertig garen. Das Weißbrot in Scheiben schneiden und ebenfalls einige Sekunden auf dem Grill rösten. Die Schweinelende in feine Scheiben schneiden und zusammen mit dem Brot servieren.

TIPP: Als weitere Beilagen eignen sich Ofenkartoffeln, Salzkartoffeln oder Kroketten.

SPARGEL-FRITTATA

FÜR 4 PORTIONEN

450 g Kartoffeln (am Vortag gekocht) • 250 g grüner Spargel • 150 g Datteltomaten • 1 Zwiebel • ½ Bund Petersilie • 8 Eier • 100 ml Milch • 50 g Parmesan, gerieben • 2 EL Bratöl • Salz • frisch gemahlener schwarzer Pfeffer

Zubereitungszeit: 40 Minuten

ZUBEREITUNG

- Die Kartoffeln schälen und in Scheiben schneiden. Den Spargel waschen, putzen, das untere Drittel schälen und die Stangen dritteln. Die Tomaten waschen und halbieren. Die Zwiebel schälen und fein würfeln. Die Petersilie kalt abbrausen, trocken schütteln, die Blättchen abzupfen und fein hacken. Die Eier in einem großen Messbecher aufschlagen. Milch, Parmesan und Petersilie dazugeben und mit einem Schneebesen gründlich verrühren.

- Das Öl in einer großen Pfanne mit hohem Rand erhitzen und die Zwiebel und den Spargel darin bei mittlerer Hitze ca. 4 Minuten rundherum anbraten. Die Kartoffeln und Tomatenhälften dazugeben, alles kräftig mit Salz und Pfeffer würzen, vorsichtig vermischen und gleichmäßig in der Pfanne verteilen. Die Eiermilch langsam darübergießen und alles abgedeckt bei kleiner bis mittlerer Hitze 10 Minuten stocken lassen.

- Die Frittata vorsichtig wenden. Hierfür einen großen Teller oder ein Brett auf die Pfanne legen, die Frittata vorsichtig daraufstürzen, umdrehen und wieder in die Pfanne gleiten lassen. Ca. 5 Minuten fertig backen lassen.

- Erneut auf den Teller oder das Brett stürzen und in 8 bis 12 Stücke schneiden.

SAISONALES GEMÜSE: Außerhalb der Spargelzeit kann in Röschen geschnittener Brokkoli verwendet werden. Diesen hierfür vor dem Backen ca. 3 Minuten blanchieren.

EIERFRIKASSEE

FÜR 4 PORTIONEN

- 600 g Kartoffeln
- 8 Eier
- 1 Zwiebel
- 60 g Butter
- 50 g Mehl
- 400 ml Milch
- 1 EL Senf
- 1 TL Salz
- ½ TL frisch gemahlener schwarzer Pfeffer
- 1 TL Currypulver
- ½ TL Paprikapulver edelsüß
- 1 Dose Erbsen und Möhren (530 g) (ersatzweise 300 g TK-Möhren und 200 g TK-Erbsen, aufgetaut)
- ½ Bund Schnittlauch
- ½ Bund glatte Petersilie

ZUBEREITUNGSZEIT: 40 MINUTEN

ZUBEREITUNG

- Die Kartoffeln schälen und abspülen. Je nach Größe halbieren oder vierteln, in einen großen Topf geben und mit Wasser bedecken. Zum Kochen bringen und danach bei kleiner bis mittlerer Hitze für ca. 18 Minuten sanft köcheln lassen, bis die Kartoffeln gar sind. Anschließend abgießen.

- Die Eier in einem Topf mit Wasser zum Kochen bringen und in 10 Minuten hart kochen. Mit kaltem Wasser abschrecken, abkühlen lassen und pellen. In Achtel schneiden.

- In der Zwischenzeit die Zwiebel schälen und fein würfeln. Die Butter in einem Topf zerlassen und die Zwiebel darin bei mittlerer bis hoher Hitze ca. 5 Minuten anschwitzen lassen. Das Mehl darüberstäuben und mit einem Schneebesen verrühren. Unter Rühren leicht bräunen. Nach und nach unter Rühren die Milch und 100 ml Wasser angießen, klümpchenfrei unterrühren und immer wieder andicken lassen.

- Alles einmal aufkochen und leicht andicken lassen. Den Senf, Salz, Pfeffer und die restlichen Gewürze dazugeben. Die Erbsen und Möhren abgießen und dazugeben. Die Eier dazugeben und alles 5 Minuten bei kleinster Hitze ziehen lassen.

- Währenddessen die frischen Kräuter kalt abbrausen, trocken schütteln und fein hacken. Zum Eierfrikassee geben und dieses zu den Kartoffeln servieren.

PICKNICK & TO GO

Egal ob für den Spielplatzbesuch oder ein Picknick im Garten am Nachmittag zu Hause: Die richtigen Snacks für unterwegs helfen häufig, die Zeiten zwischen den Hauptmahlzeiten zu überbrücken, denn der Magen bei einem Kleinkind ist nur etwa so groß wie die eigene Faust. Anders als bei uns Erwachsenen ist das Gefühl von Hunger und Sättigung noch sehr ausgeprägt, und Kinder hören instinktiv auf zu essen, wenn sie satt sind und wenn sie selbst entscheiden dürfen. Dadurch kommt zwischendurch ein kleiner Hunger, und der Blutzuckerspiegel darf mit kleinen Leckereien stabilisiert werden. Obst, Gemüse und andere nährstoffreiche Zutaten finden in den Rezepten Platz, und einige eignen sich sehr gut zum Vorbereiten auf Vorrat.

NUDELSALAT À LA TACO

FÜR 6 PORTIONEN

- 500 g Nudeln (z. B. Cellentani oder Hörnchen)
- Salz
- 1 Zwiebel
- 2 EL Öl
- 400 g gemischtes Hackfleisch (ersatzweise vegane Hackalternative, z. B. auf Sojabasis)
- 3 EL Taco- oder Burrito-Gewürzmischung
- frisch gemahlener schwarzer Pfeffer
- 2 EL Tomatenmark
- 150 g passierte Tomaten
- 1 Romana-Salatherz
- 2 Tomaten
- 1 Bund Frühlingszwiebeln
- 1 Dose Mais (285 g Abtropfgewicht)
- 1 Glas Kidneybohnen (270 g Abtropfgewicht)
- 200 g Schmand
- Saft von ½ Limette
- 100 g geriebener Cheddar

optional:

- 100 g Nachos

ZUBEREITUNGSZEIT: 30 MINUTEN

ZUBEREITUNG

- Die Nudeln nach Packungsanleitung in ausreichend Salzwasser al dente kochen. Direkt kalt abschrecken und abkühlen lassen.

- Inzwischen die Zwiebel schälen und fein würfeln. Das Öl in einer Pfanne erhitzen und die Zwiebel und das Hackfleisch darin ca. 5 Minuten scharf anbraten. Mit Taco-Gewürz und ½ TL Pfeffer würzen. Tomatenmark und passierte Tomaten dazugeben und kurz mit anschwitzen. Das Hackfleisch aus der Pfanne nehmen und beiseitestellen.

- Den Salat waschen, putzen und in grobe Stücke zupfen. Die Tomaten waschen, halbieren, den Strunk entfernen und Fruchtfleisch würfeln. Die Frühlingszwiebeln waschen, putzen und in feine Ringe schneiden. Den Mais und die Bohnen in ein Sieb gießen, abwaschen und abtropfen lassen.

- Den Schmand mit Limettensaft glatt rühren und mit Salz und Pfeffer sehr würzig abschmecken.

- Alle Zutaten bis auf den Käse in eine große Schüssel geben und gründlich verrühren. Mit Käse bestreuen. Direkt servieren oder über Nacht im Kühlschrank ziehen lassen.

KNUSPRIGES EXTRA: Für ein bisschen mehr Crunch können kurz vor dem Servieren noch 100 g Nachos grob zerbröselt über den Salat gegeben werden.

SPARGEL IM BLÄTTERTEIG

FÜR 4 PORTIONEN

400 g grüner Spargel • 2 EL Olivenöl • 1 TL Zitronenschalenabrieb • 1 Rolle Blätterteig aus dem Kühlregal • 100 g Frischkäse (z. B. mit Honig-Senf-Geschmack) • 2 EL Milch

Zubereitungszeit: 20 Minuten
Backzeit: 20 Minuten

ZUBEREITUNG

- Den Spargel waschen und putzen, dabei die holzigen Enden abschneiden und das untere Drittel schälen. Das Öl mit der Zitronenschale mischen und den Spargel damit einpinseln. Den Backofen auf 180 °C (Ober-/Unterhitze) vorheizen.

- Den Blätterteig aufrollen und in 8 Vierecke schneiden. Diese mit Frischkäse bestreichen und mit je 2–3 Spargelstangen belegen. Zwei Ecken über die Spargelstangen klappen, sodass nur noch die Köpfchen und das Ende rausschauen. Auf ein mit Backpapier belegtes Backblech legen, den Blätterteig mit etwas Milch einpinseln und ca. 20 Minuten im Ofen (Mitte) backen.

AUSTAUSCH-TIPP: Dieses Rezept kannst du auch mit weißem Spargel machen. Diesen komplett schälen und je nach Dicke ggf. 5 Minuten vorkochen.

PIZZASCHIFFCHEN MIT SPINAT UND SCHAFSKÄSE

FÜR 8 STÜCK

200 g Magerquark • 4 EL Olivenöl • 1 Ei • 350 g Mehl + mehr zum Arbeiten • 1 Päckchen Backpulver • 1 Bund glatte Petersilie • 400 g TK-Blattspinat (aufgetaut) • 2 Knoblauchzehen • 180 g Feta • 2 Prisen frisch geriebene Muskatnuss • 1 Eigelb • Sesam zum Bestreuen

Zubereitungszeit: 20 Minuten
Backzeit: 22 Minuten

ZUBEREITUNG

- Den Quark mit Olivenöl und Ei verrühren. Mehl und Backpulver vermischen, dazugeben und alles zu einem homogenen Teig kneten. Abgedeckt zur Seite stellen.

- Den Backofen auf 190 °C (Umluft) vorheizen und zwei Backbleche mit Backpapier auslegen.

- Für die Füllung die Petersilie kalt abbrausen, trocken schütteln, die Blättchen abzupfen und fein hacken. Den aufgetauten Spinat in einem Sieb abtropfen lassen und mit den Händen ein wenig ausdrücken. Den Knoblauch schälen und fein würfeln. Den Feta zerbröseln. Spinat mit Knoblauch, Feta, Petersilie und Muskatnuss mischen.

- Das Eigelb mit einer Gabel verrühren. Den Teig auf eine leicht bemehlte Arbeitsfläche geben und in 8 gleich große Portionen teilen. Diese leicht oval ausrollen und mit Abstand auf die Backbleche legen. Die Seiten leicht hochklappen und an den Spitzen zusammendrücken. Je ca. 3 EL Füllung in den Teigschiffchen verteilen. Die Teigränder mit Ei einpinseln und mit Sesam bestreuen.

- Im Ofen ca. 22 Minuten goldbraun backen.

RESTEVERWERTUNG: Im Kühlschrank sind noch Fisch-, Fleisch- oder Gemüsereste vom Vortag? Perfekt! Als Füllung kannst du für die Pizzaschiffchen ganz flexibel übrig gebliebene Speisen nutzen.

FOCACCIA MIT SÜẞKARTOFFELN, CHAMPIGNONS UND LAUCH

FÜR 6 STÜCK

- ½ Würfel frische Hefe
- 500 g Dinkelmehl
- 1 TL Salz
- 50 ml Olivenöl
- 300 g Süßkartoffeln
- 100 g Champignons
- 1 kleine Stange Lauch
- 2 Zweige Rosmarin
- Salz
- frisch gemahlener schwarzer Pfeffer

ZUBEREITUNGSZEIT: 25 MINUTEN

GEHZEIT: 60 MINUTEN

BACKZEIT: 12 MINUTEN

ZUBEREITUNG

- Die Hefe in 300 ml handwarmes Wasser bröseln und darin auflösen. Hefewasser mit Mehl, Salz und 30 ml Öl in eine Schüssel geben und mit den Händen oder der Küchenmaschine ca. 10 Minuten lang kneten. Mit einem sauberen Küchentuch abgedeckt an einem warmen Ort ca. 60 Minuten gehen lassen.

- Nach 30 Minuten den Backofen auf 200 °C (Ober-/Unterhitze) vorheizen und ein Backblech mit Backpapier auslegen.

- In der Zwischenzeit die Süßkartoffeln schälen und ca. 1,5 cm groß würfeln. Die Champignons säubern und ebenfalls würfeln. Den Lauch waschen, putzen und in 2 cm große Stücke schneiden. Alles in eine Schüssel geben und 10 ml Olivenöl dazugießen. Die Rosmarinnadeln vom Zweig lösen, fein hacken und dazugeben. Mit Salz und Pfeffer würzen und alles gründlich vermischen. Auf das Blech geben und im Ofen 20 Minuten garen lassen, dann herausnehmen. Anschließend die Temperatur auf 220 °C (Ober-/Unterhitze) erhöhen und aufheizen.

- Den Teig in 6 gleich große Portionen teilen, vorsichtig in eine leicht ovale Form ziehen und mit Abstand auf das Blech legen. Das restliche Olivenöl (10 ml) darüberträufeln und den Teig mit den Fingerspitzen leicht eindrücken. Das Grillgemüse darauf verteilen und leicht andrücken.

- Im Ofen (Mitte) ca. 12 Minuten goldbraun backen.

DIP IT, BABY! Dazu passt eine Mischung aus 200 g Frischkäse, der mit 1 durchgepressten Knoblauchzehe, Salz, Pfeffer und 1 TL Zitronensaft glatt gerührt wird.

SCHOKOHUMMUS MIT WALDBEERSAUCE

FÜR 4 PORTIONEN

1 Glas Kichererbsen (240 g Abtropfgewicht) • 50 g Honig (ersatzweise Agavendicksaft) • 4 EL Pflanzendrink • 50 g Cashewmus • 2 EL Kakao • 300 g TK-Waldbeeren • 1 TL Vanillepuddingpulver

Zubereitungszeit: 15 Minuten

ZUBEREITUNG

- Die Kichererbsen in ein Sieb abgießen und sehr gut mit klarem Wasser abspülen. Optional die Kichererbsen aus der durchsichtigen Hülle drücken, dazu mit Zeigefinger und Daumen diese leicht von der Kichererbse drücken.

- Die Kichererbsen zusammen mit Honig, Pflanzendrink, Cashewmus und Kakao in einem hohen Mixbecher pürieren. Den Hummus auf 4 Gläser verteilen.

- Die Waldbeeren in einen kleinen Topf geben und aufkochen. 2 EL Wasser mit dem Vanillepuddingpulver mischen und dazugeben, bis die Waldbeersauce leicht andickt. Diese etwas abkühlen lassen, dann auf dem Hummus verteilen und servieren.

VANILLE-QUARK-GLÄSCHEN MIT OBST

FÜR 4 PORTIONEN

250 g Magerquark • 150 g Sahnejoghurt • 2 Päckchen Vanillezucker • 1 Mango • 1 Banane • 1 Kiwi • 2 Passionsfrüchte

Zubereitungszeit: 10 Minuten

ZUBEREITUNG

- Den Quark mit dem Sahnejoghurt und dem Vanillezucker glatt rühren und in 4 kleine Gläschen füllen. Die Mango schälen, das Fruchtfleisch vom Kern schneiden und in 1 cm große Stücke würfeln. Die Banane schälen und in dünne Scheibchen schneiden. Die Kiwi schälen und 1 cm groß würfeln. Das Obst in einer kleinen Schüssel mischen. Die Passionsfrüchte halbieren, das Fruchtfleisch herauslöffeln und über das andere Obst geben.

- Das Obst auf dem Vanillequark verteilen und servieren.

TIPPS: Beide Komponenten lassen sich einzeln auch super vorbereiten. Das Obst jedoch erst kurz vor dem Servieren auf dem Quark verteilen.

Statt Mango und Banane können auch 250 g Erdbeeren verwendet werden, statt Kiwi Nektarine und statt Passionsfrucht Granatapfelkerne.

Der Vanillequark ist eine super Basis für allerlei Desserts. Ganz toll lassen sich damit auch Schichtdesserts zaubern. Z. B. zuckerarme Schokokekse zerbröseln, mit frischen Waldbeeren und der Creme in die Gläser schichten und mit Kakao bestäuben.

Oder Apfelstücke mit Rosinen, gehackten Nüssen, Zimt und etwas Honig im Ofen rösten und dann als stückigen Bratapfel mit dem Quark servieren.

GLÜCKSBÄLLCHEN

FÜR 20 STÜCK

600 ml Gemüsebrühe • 200 g Grünkernschrot • 1 Petersilienwurzel • 1 TL Currypulver • 100 g Hirseflocken • Salz • frisch gemahlener schwarzer Pfeffer • 4 EL Bratöl

Zubereitungszeit: 40 Minuten

ZUBEREITUNG

- Die Gemüsebrühe in einem kleinen Topf aufkochen. Den Grünkernschrot dazugeben und unter Rühren einmal aufkochen. Dann auf der ausgeschalteten Herdplatte unter Rühren mindestens 20 Minuten quellen lassen, bis der Grünkern komplett angedickt ist. Die Grünkernmasse in eine große Schüssel füllen, sodass er schnell auskühlen kann.

- Die Petersilienwurzel schälen und fein reiben. Zusammen mit dem Currypulver und den Hirseflocken zum Grünkern geben. Mit den Händen sehr gut durchkneten und mit leicht feuchten Händen einige Bällchen für die Kinder formen. Den Rest mit Salz und Pfeffer kräftig abschmecken und ebenfalls zu Bällchen formen. Reichlich Öl in der Pfanne erhitzen und die Bällchen darin ca. 6 Minuten pro Seite knusprig anbraten, dabei nur einmal wenden.

TIPP: Das Braten geht schneller, wenn du die Masse zu Bratlingen formst, schöner sehen Bällchen aus.

PIZZABÄLLCHEN

FÜR 15 STÜCK

1 Knoblauchzehe • 50 g Mais (aus der Dose) • 150 g Mehl • 1 TL Backpulver • 30 g Röstzwiebeln • 1 TL getrocknete italienische Kräuter • 2 EL Tomatenmark • 150 griechischer Joghurt • 1 EL Olivenöl • 75 g geriebener Pizzakäse • Salz • frisch gemahlener schwarzer Pfeffer

Zubereitungszeit: 10 Minuten
Backen: 15 Minuten

ZUBEREITUNG

- Den Backofen auf 175 °C (Ober-/Unterhitze) vorheizen und ein Backblech mit Backpapier auslegen.

- Den Knoblauch schälen und fein würfeln. Den Mais in ein Sieb abgießen. In einer Schüssel Mehl mit Backpulver, Röstzwiebeln und Kräutern vermischen. Tomatenmark, Joghurt, Olivenöl, Käse und Knoblauch dazugeben und zu einem Teig kneten. Mit Salz und Pfeffer leicht würzen. Den Mais dazugeben und unterkneten.

- Ca. 1 EL Teig abnehmen und mit leicht angefeuchteten Händen zu einem Bällchen formen. Mit dem restlichen Teig ebenso verfahren und die Bällchen mit wenig Abstand auf das Blech legen. Im Ofen (Mitte) ca. 15 Minuten backen.

DIP IT, BABY! Den restlichen Mais aus der Dose mit Frischkäse oder Schmand und 1 Spritzer Zitronensaft zu einem cremigen Dip pürieren und zu den Bällchen genießen.

TIPP: Die Pizzabällchen eignen sich auch super für Kindergeburtstage. Sie können im Voraus vorbereitet, 2 Minuten kürzer gebacken und dann tiefgekühlt werden. Vor dem Servieren nochmals im Backofen oder in der Heißluftfritteuse aufbacken.

BLONDIES MIT KOKOS

FÜR 12 STÜCK

- 125 g Blaubeeren
- 100 g Mehl
- 2 TL Weinstein-Backpulver
- 50 g Kokosraspel
- 100 g Kokosmus (ersatzweise Nussmus, z. B. Cashewmus)
- 150 g Apfelmark
- 1 TL Apfelessig
- 50 ml Pflanzendrink
- 2 EL Rohrohrzucker

Außerdem:

- 1 kleine Auflaufform à ca. 21 × 26 cm

ZUBEREITUNGSZEIT: 12 MINUTEN

BACKZEIT: 25 MINUTEN

ZUBEREITUNG

- Den Backofen auf 180 °C (Ober-/Unterhitze) vorheizen. Die Auflaufform mit Backpapier auslegen. Die Blaubeeren waschen.

- Mehl, Backpulver und Kokosraspel in einer Schüssel mit einem Schneebesen vermischen.

- Das Kokosmus leicht erwärmen, dass es weich wird. Die feuchten Zutaten in einer zweiten Schüssel gründlich vermischen und zu den trockenen Zutaten geben. Alles zügig zu einem klebrigen, zähen Teig verrühren und diesen in die Auflaufform geben. Mit einem leicht angefeuchteten Teigschaber gleichmäßig verteilen. Die Blaubeeren darüberstreuen und leicht eindrücken. Den Zucker über ¾ der Fläche der Auflaufform streuen.

- Im Ofen (Mitte) ca. 25 Minuten backen.

AUSTAUSCH-TIPP: Statt der Blaubeeren eignen sich auch Himbeeren oder Brombeeren für dieses Rezept.

FAMILIEN-FEIERN

Ob Geburtstag, Ostern, Weihnachten oder eine Grillparty – an Familienfesten wird meist nicht so auf den Zucker- oder Salzgehalt geachtet. Das ist auch völlig okay so, denn Ausnahmen fallen hier nicht besonders ins Gewicht. Wir zeigen dir aber in diesem Kapitel, wie du echte Feier-Köstlichkeiten mit besonders kleinem Zuckergehalt zubereiten kannst, die Groß und Klein schmecken. Oft sind sogar Großeltern und Tanten begeistert, wie viel Geschmack trotz wenig Süße entsteht. Unser Tipp: Gar nicht thematisieren, dass es sich hier um Kinderrezepte handelt.

ZIMTSCHNECKENKEKSE

FÜR 40 STÜCK

- 150 g Dinkelmehl Type 630
- 1 EL Apfelmark (ersatzweise Fruchtmark oder Babygläschen)
- 50 g Frischkäse
- 50 g Butter

Für die Füllung

- 10 g Butter (weich)
- 2 TL gemahlener Ceylon-Zimt
- 3 EL Rohrohrzucker

ZUBEREITUNGSZEIT: 12 MINUTEN

BACKZEIT: 10 MINUTEN

ZUBEREITUNG

- Mehl, Apfelmark, Frischkäse und weiche Butter in eine Schüssel geben und mit den Händen zu einem homogenen Teig kneten.

- Den Backofen auf 175 °C (Ober-/Unterhitze) vorheizen und zwei Backbleche mit Backpapier auslegen.

- Den Teig auf einer bemehlten Fläche rechteckig auf eine Größe von ca. 25 × 40 cm ausrollen.

- Für die Füllung die Butter in der Mikrowelle oder im Topf kurz erwärmen, weich werden lassen und mit einem Pinsel auf dem ausgerollten Teig verstreichen. Jetzt über die gesamte Fläche Zimt und Rohrohrzucker streuen.

- Anschließend den Teig von der langen Seite her vorsichtig aufrollen. Von der Teigrolle mit einem scharfen Messer ca. 1,3 cm breite Kekse abschneiden und auf den Blechen verteilen.

- Im Ofen (Mitte) ca. 8 Minuten backen, wenden und weitere 2 Minuten backen.

TIPP: Die Kekse sind aufgespießt auch ein Hingucker fürs Kinderbuffet. Einfach auf Holzspieße stecken, dazu können zusätzlich Himbeeren, Blaubeeren oder Trauben aufgespießt werden.

BISKUITROLLE MIT HIMBEER-SAHNE

FÜR 4 PORTIONEN

4 zimmerwarme Eier • 50 g Dattelsüße (ersatzweise Zucker) • 100 g Weizenmehl Type 405 • 200 g Sahne • 200 g frische Himbeeren

Zubereitungszeit: 30 Minuten

ZUBEREITUNG

- Die Eier in einer großen Rührschüssel mit der Dattelsüße auf höchster Stufe in ca. 4–6 Minuten schaumig aufschlagen. Das Mehl dazusieben und mit einem Teigschaber vorsichtig unterheben.

- Den Backofen auf 180 °C (Ober-/Unterhitze) vorheizen. Ein Blech mit Backpapier auslegen und auf ca. 40 × 30 cm den Teig vorsichtig glatt streichen. Im Ofen (Mitte) 7 Minuten backen.

- In der Zwischenzeit die Sahne mit den Quirlen des Handrührers steif schlagen. Die Himbeeren vorsichtig waschen und auf einem Küchenpapier abtrocknen. 25 g Himbeeren mit der Gabel zerdrücken und unter die Sahne mischen.

- Den Biskuit einige Male auf dem Backpapier zu einer Rolle aufdrehen. Dann so hinlegen, dass das Backpapier oben liegt, und dieses vorsichtig abziehen. Den Biskuit wieder drehen, mit 2/3 der Himbeer-Sahne sowie der Hälfte der frischen Himbeeren belegen, aufrollen, mit der restlichen Sahne außen bestreichen und mit Himbeeren toppen.

SCHOKO-NUSS-TANNENBÄUME

FÜR 8 STÜCK

4 EL Haselnussmus • 2 EL Kakao • 1 Rolle Blätterteig aus dem Kühlregal • 8 Schaschlikspieße • 2 EL Pflanzendrink

Zubereitungszeit: 15 Minuten

ZUBEREITUNG

- Das Haselnussmus in einer kleinen Schale mit Kakao mischen. Den Backofen auf 180 °C (Ober-/Unterhitze) vorheizen. Den Blätterteig aufrollen und etwas in die Breite ziehen.

- Das Haselnuss-Kakao-Mus darauf verteilen und die Fläche gleichmäßig bestreichen. Den Blätterteig von der kurzen Seite her zur Mitte falten. Dann mit der Klapprichtung in 2 cm dicke Bahnen schneiden. Diese hochkant zu Tannenbäumen falten, unten breit und oben schmal. Mit einem Schaschlikspieß von unten fixieren, aufs Blech legen und mit Pflanzendrink einpinseln.

- Im Ofen (Mitte) ca. 12–14 Minuten backen.

TIPP: Die Tannenbäume sind zuckerfrei. Vor dem Servieren kannst du diese, wenn deine Kinder schon älter sind, mit Puderzucker bestäuben. Bei kleinen Kindern unbedingt den Schaschlikspieß vor dem Servieren entfernen.

AUSTAUSCH-TIPP: Der Blätterteig kann auch mit jedem beliebigen Nussmus bestrichen werden. Auch Fruchtmus eignet sich, dann aber nur 3 EL verwenden, da dieses flüssiger als Nussmus ist.

VEGANER CHEESECAKE

FÜR 4 STÜCK

- 2 große reife Bananen
- 1 Biozitrone
- 400 g Skyr-Alternative
- 50 g gemahlene Mandeln
- 2 Packungen Vanillepuddingpulver
- 1 EL Backpulver
- 200 g TK-Beerenmischung
- optional: 3 getrocknete Datteln
- 1 EL Speisestärke

Außerdem:

- 4 kleine Förmchen oder 1 kleine Springform

ZUBEREITUNGSZEIT: 12 MINUTEN

BACKZEIT: 25 MINUTEN

ZUBEREITUNG

- Den Backofen auf 175 °C (Ober-/Unterhitze) vorheizen und 4 ofenfeste Förmchen auf einem Ofengitter platzieren.

- Die Bananen schälen und in einer Schüssel mit einer Gabel fein zerdrücken. Die Zitrone heiß abwaschen, trocken reiben, die Schale abreiben und zu den Bananen geben. Den Skyr dazugeben und alles gut verrühren. Die trockenen Zutaten dazugeben und alles mit einem Schneebesen klümpchenfrei verrühren.

- Den Teig gleichmäßig auf die Förmchen verteilen und im Ofen (Mitte) ca. 20 Minuten backen.

- Inzwischen die Beeren optional mit den Datteln in einem kleinen Topf aufkochen und 5 Minuten sanft köcheln lassen. Alles mit einem Pürierstab fein pürieren. Die Speisestärke darüberstäuben, einrühren und alles andicken lassen.

- Den Cheesecake warm oder kalt mit der Beerensauce servieren. Alternativ den Kuchen horizontal halbieren und die Beerensauce als Füllung auf der unteren Hälfte verteilen und den oberen Teil des Kuchens wieder daraufsetzen.

AUSTAUSCH-TIPP: Bei der Sauce kann je nach Saison und Vorliebe variiert werden: Statt der TK-Beeren eignen sich z. B. auch frische Feigen oder Erdbeeren, Himbeeren, Blaubeeren, Pflaumen oder Nektarinen für die Sauce.

VEGANE WAFFELN

FÜR 6 STÜCK

375 ml Sojadrink • 1 EL Apfelessig • 250 g Mehl • 1 TL Backpulver • 1 EL Rohrohrzucker (ersatzweise Xylit) • 70 g geschmolzene Pflanzenmargarine (ersatzweise 60 ml Öl) + mehr zum Einfetten des Waffeleisens • ***Außerdem:*** Herzwaffeleisen

Zubereitungszeit: 30 Minuten

ZUBEREITUNG

- Den Sojadrink in einen Messbecher füllen und den Apfelessig dazugeben. Einmal umrühren und ca. 5 Minuten stehen lassen, damit der Drink gerinnen und vegane Buttermilch entstehen kann.

- In der Zwischenzeit das Mehl in einer Schüssel mit Backpulver und Zucker verrühren. Die vegane Buttermilch und Margarine dazugeben und alles zügig mit einem Holzlöffel oder Teigschaber vermischen, bis die trockenen Zutaten feucht sind.

- Das Waffeleisen vorheizen und dünn mit Fett einpinseln. Den Teig darin portionsweise bei mittlerer Hitze goldbraun ausbacken und das Waffeleisen erst öffnen, wenn es sich von selbst von den Waffeln löst. Öffnet man es zu früh, kann es sein, dass der Teig oben und unten am Eisen kleben bleibt.

TIPP: Zu den Waffeln passt eine Creme aus 1 Becher Schmand gemischt mit 1 EL gemahlenen Haselnüssen, ½ TL Zimtpulver und optional 1 TL Rohrohrzucker. 2 Pflaumen oder Nektarinen fein würfeln und unterrühren.

AVOCADOEIS

FÜR 4 EISFÖRMCHEN À 70 ML

1 Handvoll Spinat • 1 reife Avocado • 100 g Mango • 1 EL Cashewmus • ¼ TL gemahlenes Bourbonvanillepulver • ***Optional:*** 1 EL Cashewmus • 1 EL gehackte Cashewkerne • 1 EL gehackte Schokolade

Zubereitungszeit: 10 Minuten
Gefrierzeit: 5 Stunden

ZUBEREITUNG

- Den Spinat kalt abbrausen und trocken schütteln. Die Avocado halbieren und entkernen. Das Fruchtfleisch mit einem Löffel aus der Schale lösen. Spinat, Avocado, Mango, Cashewmus und Vanillepulver in einen Mixer geben und zu einer cremigen Masse pürieren.

- In die Eisförmchen füllen und ca. 5 Stunden im Tiefkühlschrank gefrieren lassen. Aus der Form lösen und optional noch 5 Minuten antauen lassen, nach Belieben mit Cashewmus beträufeln und mit Cashewkernen und gehackter Schokolade bestreut servieren.

SCHNELLES EIS: Wenn es schnell gehen muss, kannst du auch ein Eis aus Quetschies oder (süßem) Babybrei aus Gläschen zubereiten. Dazu 200 g Fruchtmus oder Brei und 80 g Naturjoghurt bereitstellen. Unten in die Eisförmchen den Joghurt verteilen, dann mit dem Fruchtmus oder Brei auffüllen. Ca. 5 Stunden im Tiefkühlschrank gefrieren lassen. Aus der Form lösen, kurz antauen lassen und mit geschmolzener weißer Schokolade oder Mandelmus beträufeln und mit gehackten Nüssen bestreuen.

OSTERHASEN-KUCHEN

FÜR 12 STÜCKE

Für den Teig:

- 150 g kalte Butter
- 330 g Dinkelmehl Type 630
- 4 EL Kakao
- 40 g Xylit (ersatzweise Rohrohrzucker oder Kokosblütenzucker)
- 1 TL Backpulver
- 1 Ei
- 20 ml Milch

Für die Füllung:

- 3 Eier
- 80 g Xylit
- 150 g weiche Butter
- 700 g Magerquark
- 1 Pck. Vanillepuddingpulver
- 1 Msp. Bourbonvanillepulver

Außerdem:

- 1 Springform à 28–30 cm Durchmesser
- Butter für die Form
- Hasenausstecher

ZUBEREITUNGSZEIT: 20 MINUTEN

BACKZEIT: 50 MINUTEN

ZUBEREITUNG

- Die Butter 1 cm groß würfeln. In einer Schüssel mit Mehl, Kakao, Xylit, Backpulver, Ei und Milch mischen. Dazu zunächst mit den Fingerspitzen die Butter in die trockenen Zutaten reiben, dann zu einem Mürbeteig zusammenkneten.

- Die Springform mit Butter einfetten und ¾ des Teiges gleichmäßig darin verteilen, dabei einen 2 cm hohen Rand formen.

- Für die Füllung die Eier mit dem Xylit schaumig aufschlagen. Butter, Quark, Puddingpulver und Vanille dazugeben und zügig untermischen. Die Füllung auf den Teig geben und glatt streichen.

- Den Backofen auf 180 °C (Ober-/Unterhitze) vorheizen. Den restlichen Teig auf leicht bemehlter Arbeitsfläche ca. 7 mm dick ausrollen und mit einem Hasenausstecher 8–10 Hasen ausstechen. Diese vorsichtig auf der Käsekuchenmasse verteilen und den Kuchen ca. 50 Minuten im Ofen (Mitte) backen. Gegebenenfalls nach 40 Minuten abdecken. Die Ofentür langsam öffnen, sodass der Kuchen nicht zusammenfällt. Dann den Kuchen komplett auskühlen lassen.

MÖHREN-GRIEß-MUFFINS MIT FROSTING

FÜR 12 STÜCK

- 2 Möhren
- 2 Eier
- 60 g Dattelsüße (ersatzweise Zucker)
- 80 ml Öl
- 100 g Weichweizengrieß
- 100 g gemahlene Haselnüsse
- 100 g Weizenmehl Type 550
- 1 TL Weinstein-Backpulver
- 1 reife Banane
- 1 Msp. gemahlener Ceylon-Zimt
- 200 g Frischkäse

ZUBEREITUNGSZEIT: 20 MINUTEN

BACKZEIT: 23 MINUTEN

ZUBEREITUNG

- Die Möhren schälen und fein reiben. Die Eier in einer Schüssel mit dem Xylit glatt rühren. Öl zugeben und zusammen mit den Möhren untermischen.

- Den Backofen auf 180 °C (Ober-/Unterhitze) vorheizen und ein Muffinblech mit 12 Muffinförmchen auslegen. Grieß, Haselnüsse, Mehl und Backpulver zu den feuchten Zutaten geben und zügig mit den Quirlen des Handrührers untermischen. Die Masse auf die Muffin-Mulden verteilen und im Ofen (Mitte) ca. 20–23 Minuten backen. Die Muffins auf einem Kuchengitter gut abkühlen lassen.

- In der Zwischenzeit die Banane sehr fein zerdrücken und vorsichtig zusammen mit dem Zimt unter den Frischkäse rühren. Die Masse kalt stellen, bis die Muffins komplett abgekühlt sind. Dann mit einem Teigspatel oder einer Spritztülle auftragen.

TIPP: Besonders schön sieht es aus, wenn jeder Muffin mit 1 Scheibe getrockneter Banane garniert wird.

WÄHLERISCHE ESSER*INNEN

Phasenweise essen Kinder wählerischer und selektiver. In der Regel besteht hier kein medizinisches Problem, und es ist eine natürliche Phase, die das Kindergartenalter über andauern kann.

Und so dürfen Lebensmittel wie Gemüse oder andere nährstoffreiche Zutaten auch gerne mal clever in den Rezepten versteckt untergebracht werden, beispielsweise in Saucen püriert oder in Backwaren von Teig umgeben. Wichtig ist: Essen soll jederzeit ohne Überredung und Druck stattfinden, Spaß machen und entspannt sein.

NUDELSUPPE MIT REISNUDELN

FÜR 4 PORTIONEN
- 400 g Gemüse (z. B. Möhren, Mangold, TK-Erbsen, Cocktailtomaten, Radieschen, Zuckerschoten)
- 2 TL Gemüsebrühepulver
- 2 EL Sojasauce
- 200 g Reisnudeln
- 200 g Räuchertofu
- ½ Bund Koriander
- 2 EL geröstete Erdnüsse

ZUBEREITUNGSZEIT: 30 MINUTEN

ZUBEREITUNG
- Das Gemüse waschen, putzen und in sehr feine Streifen bzw. Scheibchen schneiden.

- 4 große Gläser mit je ½ TL Gemüsebrühepulver füllen, für die Großen noch Sojasauce dazugeben. Die Reisnudeln auf die Gläser verteilen. Das Gemüse mischen und auf 4 große Schraubgläser verteilen. Den Tofu in 1 cm große Stücke schneiden und ebenfalls auf die Schraubgläser verteilen.

- Den Koriander waschen, trocken schütteln und die Blättchen abzupfen. Diese grob hacken und auf die Gläser verteilen. Für die Großen Erdnüsse in die Gläser füllen.

- Zum Essen mit je 300 ml kochendem Wasser auffüllen und ca. 10 Minuten ziehen lassen, dabei ab und zu umrühren.

TIPP: Das Rezept funktioniert am besten, wenn eine große Palette an Gemüse (z. B. auch TK-Gemüsemischungen) zur Verfügung steht und sich die Kinder selbst ihr Glas befüllen dürfen.

Außerdem passen als Füllungen:
- Nussmus, Misopaste und Gewürze
- Tofu oder Tempeh aller Art
- Eingelegtes Gemüse wie Rote Bete, Kimchi, Sauerkraut
- Im Fall von wählerischen Esser*innen sollte es auch akzeptiert werden, wenn das Kind beispielsweise nur Nudeln ins Glas füllen möchte.

RACLETTE-IDEEN

FÜR 4 PORTIONEN

- 800 g festkochende Kartoffeln
- 1 rote Paprikaschote
- 1 grüne Paprikaschote
- 4 Essiggurken
- 1 kleine Dose Mais (150 g Abtropfgewicht)
- 1 kleine Dose Kidneybohnen (150 g Abtropfgewicht)
- 200 g Fleischwurst
- 200 g Cocktailtomaten
- ¼ Rotkohl
- 1 Glas Artischocken in Kräuteröl (110 g Abtropfgewicht)
- 60 g Kalamata-Oliven ohne Stein
- 400 g Raclettekäse in Scheiben

VORBEREITUNGSZEIT: 40 MINUTEN

ZUBEREITUNG

- Die Kartoffeln in 30 Minuten gar kochen und gegebenenfalls pellen. Die Paprikaschoten waschen, putzen und 1 cm groß würfeln. Die Essiggurken in feine Scheibchen schneiden. Den Mais und die Kidneybohnen abgießen und gut abspülen. Die Fleischwurst in 1 cm große Stücke schneiden. Die Tomaten waschen und vierteln. Den Rotkohl waschen, putzen und in hauchfeine Streifen schneiden. Die Artischocken und Oliven in kleine Schalen füllen.

- Alle Zutaten sollten in separaten Schälchen auf dem Tisch stehen. So darf sich jeder nach Herzenslust bedienen. Dabei sollten alle Farben des Regenbogens sowie Safe Food (etwas, das dein Kind ganz sicher mag) und komplette neue Lebensmittel (z. B. Rotkohl) mit dabei sein. Jeder darf sich, ohne dass es von den anderen Familienmitgliedern gewertet wird, bedienen und sein Pfännchen füllen. Wenn der Raclettekäse zu kräftig ist, am besten auch milden Gouda anbieten.

FÜR ÄLTERE KINDER: Ganz besonders wird es, wenn z. B. Nachos oder vorgekochtes Chili sin Carne bereitsteht. Dabei kann man sich gerne an den Lieblingsgerichten der Kinder orientieren und auch mal süße Pfännchen mit Obst, Blätterteig und Schokolade machen.

SELBSTMACHSALAT AUS OFENGEMÜSE MIT AIOLI

FÜR 4 PORTIONEN

- 1,2 kg Gemüse (z. B. Kartoffeln, Rote Bete, Sellerie, Möhren, Kürbis, tiefgekühlte grüne Bohnen, Steckrübe, Petersilienwurzel)
- 3 EL Olivenöl
- 2 TL getrocknete italienische Kräuter
- Salz
- 2 Knoblauchzehen
- 1 TL Senf
- 100 ml Sojadrink
- 100 ml Rapsöl
- etwas Zitronensaft

ZUBEREITUNGSZEIT: 30 MINUTEN

BACKZEIT: 20 MINUTEN

ZUBEREITUNG

- Das Gemüse waschen, putzen und in 2 cm große Würfel schneiden. Den Backofen auf 190 °C (Umluft) vorheizen. Das Olivenöl mit getrockneten Kräutern und etwas Salz mischen und das Gemüse darin wenden. Alles auf einem Backblech verteilen und im Ofen (Mitte) 30 Minuten backen.

- Inzwischen die Aioli zubereiten. Dazu den Knoblauch schälen und in einen hohen Rührbecher durchdrücken. Senf und Sojadrink zugeben und einmal kurz durchmixen. Das Rapsöl in ein kleines Kännchen abmessen und tröpfchenweise in den Sojadrink füllen, dabei beständig mit dem Stabmixer durchmixen und diesen langsam von oben nach unten bewegen. Wenn das ganze Öl drin ist, weitermixen, bis die Aioli merklich andickt. Diese mit Salz und 1 Schuss Zitronensaft abschmecken.

- Das Ofengemüse so auf den Tisch stellen, dass sich jeder das nehmen kann, was er mag. Zusammen mit der Aioli servieren.

TIPP: Der Salat wird bunter, wenn allerlei Lieblingszutaten zusätzlich auf dem Tisch stehen: Hülsenfrüchte aus dem Glas, geröstete Nüsse, gewaschener Feldsalat, Sprossen, Tofuwürfel, Käsewürfel sowie Feta oder Oliven.

GEMÜSE-KARTOFFEL-WAFFELN

FÜR 8 STÜCK
- 100 g Möhren
- 100 g Zucchini
- 750 g Kloßteig halb & halb (Kühlregal)
- 3 Eier
- 125 g geriebener Bergkäse (ersatzweise Emmentaler)
- 1 TL Paprikapulver edelsüß
- ½ TL getrockneter Thymian
- ½ TL getrockneter Rosmarin
- 1 Prise Muskatnuss
- Salz
- frisch gemahlener schwarzer Pfeffer

Außerdem:
- Öl fürs Waffeleisen

ZUBEREITUNGSZEIT: 40 MINUTEN

ZUBEREITUNG
- Die Möhren schälen, putzen und fein reiben. Die Zucchini waschen, putzen und fein reiben. Das Gemüse mit den übrigen Zutaten in eine Schüssel geben. Mit den Rührbesen des Handmixers zu einem homogenen Teig verrühren. Den Teig mit Salz und Pfeffer abschmecken.

- Das Waffeleisen heiß werden lassen und gründlich mit Öl einpinseln.

- Aus je ca. 3 gehäuften EL Teig bei mittlerer Stufe Waffeln ausbacken. Je nach Eisen brauchen die Waffeln etwa 4 Minuten. Die Waffeln vorsichtig aus dem Eisen nehmen und auf einem Kuchengitter stapeln.

TIPPS: Alternativ können statt der Möhren Süßkartoffeln oder Kürbisse verwendet werden, statt Zucchini auch Apfel.

Dazu passt Crème fraîche. Oder ein Kräuterquark: Dazu eine Packung Magerquark mit 1 Schuss Mineralwasser, 1 EL Zitronensaft, Salz, Pfeffer und 2–3 EL TK-Kräutermischung glatt rühren.

KUMPIR (TÜRKISCHE BACKKARTOFFELN)

FÜR 4 PORTIONEN
- 4 große Kartoffeln oder Süßkartoffeln

Füllung 1:
- 1 rote Zwiebel
- 2 EL Bratöl
- 250 g gemischtes Hackfleisch
- 1 Dose Tex-Mex-Mix (ca. 270 g)
- 1 TL Paprikapulver edelsüß
- ½ TL geräuchertes Paprikapulver
- 1 Dose stückige Tomaten (400 g)
- Salz
- frisch gemahlener schwarzer Pfeffer
- 200 g Sour Creme

Füllung 2:
- 1 Avocado
- 200 g Creme VEGA
- 2 Tomaten
- 2 EL Zitronensaft
- Salz
- 100 g Nachos
- 200 g veganes Hühnchen (ersatzweise vegan Geschnetzeltes)

ZUBEREITUNGSZEIT: 1 STUNDE

ZUBEREITUNG
- Die Kartoffeln mit der Gemüsebürste unter fließendem Wasser sehr gut putzen. In eine Auflaufform legen und mit einer Gabel oder einem spitzen Messer einstechen.

- Den Backofen auf 200 °C (Umluft) stellen und die Kartoffeln direkt im Ofen (Mitte) ca. 45–60 Minuten garen, bis sie weich sind (mit dem Messer einstechen und prüfen). Die Kartoffeln vor dem Servieren längs zu 2/3 einschneiden und das weiche Innere mit der Gabel lockern. Mit der Wunschfüllung befüllen.

- ***Füllung 1:*** Zwiebel schälen und fein würfeln. Das Öl in einer Pfanne erhitzen, Zwiebel und Hackfleisch darin bei hoher Hitze 5 Minuten anbraten. Inzwischen den Tex-Mex-Mix abschütten und mit Wasser abspülen. Das Fleisch mit den beiden Paprikapulvern würzen und mit Tomaten ablöschen. Zugedeckt 15 Minuten garen, dann den Tex-Mex-Mix dazugeben und mischen. Für die Großen das Chili con Carne mit Salz und Pfeffer abschmecken. Kartoffeln mit Chili und Sour Creme füllen.

- ***Füllung 2:*** Die Avocado halbieren, den Kern entfernen und das Fruchtfleisch in eine Schüssel füllen. Mit der Gabel fein zerdrücken und die Creme VEGA untermischen. Die Tomaten waschen, putzen und 1 cm groß würfeln. Unter die Avocadocreme rühren und diese mit Zitronensaft sowie Salz abschmecken. Die Nachos fein zerkrümeln. Das vegane Hühnchen nach Packungsbeilage zubereiten. Die Kartoffeln mit veganem Hühnchen, Avocadocreme und Nachos füllen.

TIPP: Kumpir eignen sich super für Picky Eater, da sie mit allem Möglichen selbst gefüllt werden können.

PIZZA-BUFFET

FÜR 6 STÜCK
- 500 g Pizzamehl Type 00 (oder jedes andere Mehl) + Mehl zum Arbeiten
- 3 TL Backpulver
- 1 Prise Salz
- 1 TL getrockneter Oregano
- 175 g Magerquark
- 150 ml Milch
- 150 ml Öl

Für den Belag:
- 400 g passierte Tomaten oder Schmand
- 2 TL getrocknete italienische Kräuter
- 150 g klein geschnittenes Gemüse wie z. B. Aubergine, Zucchini, Champignons
- 150 g geriebener Mozzarella

ZUBEREITUNGSZEIT: 20 MINUTEN

BACKZEIT: 20 MINUTEN

ZUBEREITUNG
- Für den Teig Mehl, Backpulver, Salz und Oregano in eine Schüssel geben und vermischen.
- Quark, Milch, Öl und 50 ml Wasser dazugeben und alles zu einem homogenen Teig kneten.
- Den Backofen auf 160 °C (Umluft) vorheizen und zwei Backbleche mit Backpapier auslegen.
- Den Teig in 6 gleich große Portionen aufteilen und auf der bemehlten Arbeitsfläche zu runden Pizzaböden ausrollen.
- Diese ganz nach Geschmack mit Tomatensauce oder Schmand bestreichen und nach Wunsch belegen.
- Im Ofen (Mitte) ca. 20 Minuten backen.

TIPPS: Kontakt mit unbekannten Lebensmitteln: Bei uns dürfen auch schon die Kleinsten beim Vorbereiten in der Küche mithelfen. So kommen auch wählerische Esser*innen immer wieder mit den unterschiedlichsten Lebensmitteln in ihrer ursprünglichen Form in Kontakt und lernen so die Lebensmittel mit mehreren Sinnen kennen. Oft wird durch die ungezwungene Atmosphäre beim Waschen und Schneiden gerne mal probiert. Und alle Familienmitglieder können so selbst entscheiden, was auf die eigene Pizza drauf darf.

Weitere Ideen für Beläge sind: Pesto, verschiedene Käsesorten, Wurst und Schinken, geräucherter Tofu, verschiedenes Gemüse oder auch Ananas.

PASTA MIT VERSTECKTEM GEMÜSE

FÜR 4 PORTIONEN

- 1 rote Paprikaschote
- 1 kleiner Blumenkohl
- 1 Zwiebel
- 2 Knoblauchzehen
- 1 EL Öl
- 300 g Pasta
- 200 ml Pflanzendrink
- 100 g Pekannüsse
- 1 EL Tahin (Sesammus, ersatzweise Nussmus)
- 2 EL Hefeflocken
- 1 Prise frisch geriebene Muskatnuss
- 1 TL Paprikapulver edelsüß
- Salz
- frisch gemahlener schwarzer Pfeffer

ZUBEREITUNGSZEIT: 35 MINUTEN

ZUBEREITUNG

- Den Backofen auf 220 °C (Ober-/Unterhitze) vorheizen und ein Backblech mit Backpapier auslegen.

- Die Paprika waschen, putzen, vierteln und das Kerngehäuse und die weißen Trennwände entfernen. Den Blumenkohl waschen, putzen, in kleine Röschen schneiden. Die Zwiebel schälen und vierteln. Den Knoblauch schälen.

- Das Gemüse in eine Schüssel geben, das Öl dazugeben und alles vermischen. Das Gemüse auf dem Backblech gleichmäßig verteilen. Im Ofen (Mitte) ca. 20 Minuten backen. Aus dem Ofen nehmen und die Haut der Paprika vorsichtig entfernen.

- In der Zwischenzeit die Nudeln nach Packungsanleitung garen und zwei Schöpfkellen Nudelwasser aufheben.

- Das Gemüse mit dem Pflanzendrink, den Nüssen und Tahin in einen Hochleistungsmixer geben und zu einer cremigen Sauce pürieren. Die Hefeflocken dazugeben und unterrühren. Nudelwasser bis zur gewünschten Konsistenz dazugeben. Mit Muskat und Paprikapulver würzen und nach Belieben mit Salz und Pfeffer abschmecken. Die Sauce über die Nudeln geben, alles vermischen und servieren.

TACO-BUFFET

FÜR 4 PORTIONEN

Für die Tacos:
- 100 g Maismehl
- 100 g Dinkelmehl
- 1 TL Salz
- 2 EL Olivenöl

Für die Füllung:
- 1 kleine Zwiebel
- 1 EL Bratöl
- 200 g Rinderhack (ersatzweise vegane Hackalternative)
- 1 EL Tomatenmark
- Salz
- frisch gemahlener schwarzer Pfeffer
- 2 Tomaten
- ¼ Eisbergsalat
- 1 Avocado
- 1 TL Zitronensaft
- 150 g Schmand
- ½ Bund frischer Koriander
- 100 g geriebener Käse

ZUBEREITUNGSZEIT: 45 MINUTEN

ZUBEREITUNG

- Das Mais- und Dinkelmehl mit Salz in einer Schüssel vermischen. Das Öl und 120 ml Wasser dazugeben, alles zu einem glatten Teig kneten. Den Teig in 8 Portionen aufteilen und zwischen Backpapier zu ca. 3 mm dünnen Fladen mit 12 cm Durchmesser ausrollen. Eine kleine Pfanne erhitzen und die Fladen darin nacheinander bei mittlerer Hitze ca. 2 Minuten pro Seite ausbacken. Herausnehmen und über einen Kochlöffel hängen, sodass Taco-Schalen entstehen.

- Die Zwiebel schälen und fein würfeln. Das Öl in einer Pfanne erhitzen und das Hackfleisch darin 5 Minuten scharf anbraten. Tomatenmark dazugeben, verrühren. Den Herd ausschalten. Gegebenenfalls eine kleine Portion entnehmen und den Rest mit Salz und Pfeffer abschmecken.

- Die Tomaten waschen, halbieren, den Strunk entfernen und das Fruchtfleisch würfeln. Den Salat waschen und in mundgerechte Stücke zupfen.

- Die Avocado halbieren, entkernen und das Fruchtfleisch mit einem Löffel auslösen. In einer Schüssel mit einer Gabel grob zerdrücken und mit Zitronensaft abschmecken. Gegebenenfalls eine kleine Portion entnehmen und den Rest würzig mit Salz und Pfeffer abschmecken.

- Den Schmand in einer Schüssel glatt rühren. Den Koriander kalt abbrausen, trocken schütteln, die Blättchen vom Stiel zupfen und fein hacken.

- Für das Taco-Buffet alle Zutaten servieren und die Tacos nach Wunsch füllen.

TIPP: Für die Optik: Du kannst die Tomaten und Avocado in Scheiben schneiden, oder z. B. den Schmand mit Tomatenmark einfärben.

QUINOA-SCHWARZE-BOHNEN-BURGER

FÜR 4 PORTIONEN
- 50 g bunte Quinoa
- 100 ml Gemüsebrühe
- 1 Dose schwarze Bohnen (240 g Abtropfgewicht, ersatzweise Cannellini-Bohnen)
- 3 getrocknete Tomaten
- 30 g Paniermehl
- 2 EL Tomatenmark
- 1 TL Paprikapulver edelsüß
- ½ TL Paprikapulver geräuchert
- 1 TL getrocknete Kräuter der Provence
- 1 EL Öl zum Bepinseln

Für die Avocadocreme:
- 1 Avocado
- 1 EL Limettensaft
- Salz

Außerdem:
- ¼ Gurke
- 1 Tomate
- 4 Burger Buns

ZUBEREITUNGSZEIT: 25 MINUTEN

BACKZEIT: 14 MINUTEN

ZUBEREITUNG

- Die Quinoa in einem Sieb abwaschen und in einem kleinen Topf in der Brühe zum Kochen bringen. Abgedeckt bei kleinster Hitze ca. 15 Minuten garen lassen, bis das Wasser komplett verdampft ist.

- In der Zwischenzeit die Bohnen in ein Sieb abgießen, abspülen und gut abtropfen lassen. Die Bohnen in einer Schüssel mit einem Kartoffelstampfer oder einer Gabel grob zerdrücken. Die getrockneten Tomaten in kleine Stücke schneiden und zu den Bohnen geben. Die übrigen Zutaten sowie Quinoa dazugeben und alles vermischen.

- Den Backofen auf 200 °C (Ober-/Unterhitze) vorheizen und ein Backblech mit Backpapier auslegen. Mit leicht angefeuchteten Händen aus je 3 EL Masse 4 Pattys zu je ca. 8–9 cm Durchmesser formen. Diese mit etwas Abstand aufs Blech legen und von beiden Seiten mit Öl bepinseln. Im Ofen (Mitte) 10 Minuten backen, wenden und weitere 2–4 Minuten fertig backen.

- Währenddessen die Avocado halbieren, entsteinen und das ausgelöste Fruchtfleisch mit einer Gabel zu einem groben Mus zerdrücken. Mit Limettensaft und Salz abschmecken. Die Gurke und die Tomate waschen und in Scheiben schneiden. Die Burger Buns halbieren und die letzten 2 Minuten der Backzeit auf einem Rost mit in den Ofen geben und kurz aufbacken.

- Herausnehmen, die unteren Hälften mit Avocadocreme bestreichen, Gurken- und Tomatenscheiben und ein Patty darauflegen und mit der oberen Brötchenhälfte abdecken.

BLITZ-GERICHTE

Alle wünschen sich schnelle Gerichte, die am besten in nur 10 bis 15 Minuten Zubereitungszeit fertig in der Küche stehen – das ist wirklich ein Traum. In den folgenden Rezepten haben wir versucht, so viel Geschmack wie möglich in so kurze Zeit wie möglich zu packen und auf aufwendige Arbeitsschritte zu verzichten. Zu einem Blitzgericht wird es vor allem dann, wenn man ab und zu schon kleine Komponenten der Mahlzeiten vorbereiten und die Backzeit im Ofen fürs Aufräumen, Tischdecken oder die Vorbereitungen für den nächsten Tag nutzen kann.

ANANAS-HÜHNCHEN VOM BLECH

FÜR 4 PORTIONEN

- 2 Hähnchenbrüste
- 2 EL Olivenöl
- 1 Prise Salz
- 1 rote Zwiebel
- 200 g TK-Brokkoli
- 200 g Cocktail-tomaten
- 200 g Babymöhren
- 2 EL Barbecuesauce
- 200 ml passierte Tomaten
- 1 Glas Ananasstücke ohne Zucker (ca. 200 g)

ZUBEREITUNGSZEIT: 20 MINUTEN

BACKZEIT: 30 MINUTEN

ZUBEREITUNG

- Die Hähnchenbrüste in 2 cm große Stücke schneiden und in eine große Schüssel geben. Mit Olivenöl und Salz mischen. Die Zwiebel schälen und achteln. Die Zwiebelstücke und Brokkoli zum Hühnchen geben. Den Backofen auf 200 °C (Ober-/Unterhitze) vorheizen.

- Die Cocktailtomaten waschen und halbieren. Zusammen mit den Babymöhren in die Schüssel geben. Die Barbecuesauce und die passierten Tomaten mischen und den gesamten Schüsselinhalt darin marinieren. Auf einem Blech verteilen und 15 Minuten backen. Dann die Ananasstücke dazugeben und weitere 10-15 Minuten backen.

SPEED-TIPP: Durch fertige Saucen und Dips spart man nicht nur Zeit, sondern hält auch die Menge an Gewürzen klein. Dazu zählen neben Barbecuesauce auch Harissa, Misopaste, Currypaste, Tamarindenpaste etc. Du kannst dieses Gericht auch mit anderen Geschmacksrichtungen ausprobieren.

MACH'S VEGAN: Statt Hähnchenbrust kannst du eine vegane Hähnchenalternative oder Räuchertofu verwenden.

SCHMANDBREZELN

FÜR 6 STÜCK

5 Laugenbrezeln (TK) • ½ Bund Frühlingszwiebeln • 300 g Schmand • 1 Ei • 60 g geriebener Käse • ½ TL Paprikapulver edelsüß • 1 Prise frisch geriebene Muskatnuss • Salz • frisch gemahlener schwarzer Pfeffer

Zubereitungszeit: 8 Minuten
Backzeit: 20 Minuten

ZUBEREITUNG

- Ein Backblech mit Backpapier auslegen und den Ofen auf 200 °C (Ober-/Unterhitze) vorheizen.

- Die Brezeln mit etwas Abstand auf das Blech legen. Die Frühlingszwiebeln waschen, putzen und in feine Ringe schneiden. In einer Schüssel Frühlingszwiebeln mit Schmand, Ei, geriebenem Käse und Gewürzen mischen.

- Gegebenenfalls eine Brezel mit der ungewürzten Masse füllen. Hierfür einfach mit einem Esslöffel etwas von der Masse vor dem Würzen entnehmen und in die Löcher dieser Brezel füllen, dann den Rest der Masse kräftig mit Salz und Pfeffer abschmecken. Die restlichen Brezeln füllen. Im Ofen (Mitte) ca. 20 Minuten backen.

DEFTIGE FÜLLUNG: Wer es deftiger mag, kann der Füllung noch 80 g gewürfelten Schinken, Speck oder Räuchertofu hinzufügen.

HACKFLEISCHGUGELHUPF

FÜR 1 FORM À 22 CM DURCHMESSER

1 Zwiebel • 1 Stange Lauch • 1 Möhre • 1 EL Öl + mehr zum Einfetten der Form • 500 g Rinderhackfleisch • 2 EL Tomatenmark • 1 TL Paprikapulver rosenscharf • Salz • frisch gemahlener schwarzer Pfeffer • 1 Pizzateig XXL (Kühlregal) • 150 g geriebener Emmentaler • 1 Ei

Zubereitungszeit: 20 Minuten
Backzeit: 30 Minuten

ZUBEREITUNG

- Die Zwiebel schälen und fein würfeln. Den Lauch waschen, putzen und in feine Ringe schneiden. Die Möhre schälen und in kleine Würfel schneiden. Das Öl in einer großen Pfanne erhitzen und die Zwiebel und das Hackfleisch darin ca. 4 Minuten scharf anbraten. Den Lauch und die Möhre dazugeben und 2 Minuten mit anbraten. Tomatenmark und Paprikapulver dazugeben und alles verrühren. Alles kräftig mit Salz und Pfeffer abschmecken.

- Den Ofen auf 180 °C (Ober-/Unterhitze) vorheizen und die Gugelhupfform mit Öl einfetten. Das Ei verrühren.

- Den Pizzateig ausrollen und die Masse darauf verteilen, dabei oben und unten einen kleinen Rand lassen. Den Käse darüberstreuen. Anschließend vorsichtig aufrollen und die Rolle in die Gugelhupfform legen. Mit dem Ei einstreichen.

- Im Ofen (Mitte) ca. 25–30 Minuten goldbraun backen. Aus dem Ofen nehmen, ca. 5 Minuten in der Form abkühlen lassen, vorsichtig stürzen und in Stücke schneiden.

FLEXIBEL BLEIBEN: Wer keine Gugelhupfform zu Hause hat, kann sich auch mit einer Springform behelfen.

PASTA MIT THUNFISCH UND ZUCCHINI

FÜR 4 PORTIONEN

- 2 kleine Zucchini
- 3 EL Olivenöl
- 300 g Pasta
- 3 Knoblauchzehen
- 1 TL Paprikapulver edelsüß
- 1 Dose Thunfisch im eigenen Saft (150 g)
- 200 g Sahne

Für die Großen:

- Salz
- 1 Msp. Chilipulver

ZUBEREITUNGSZEIT: 30 MINUTEN

ZUBEREITUNG

- Die Zucchini waschen, der Länge nach halbieren und in feine Scheiben schneiden. Das Öl in einer großen Pfanne erhitzen und die Zucchini darin zunächst 3–4 Minuten bei hoher Hitze, dann weiter bei mittlerer Hitze anbraten. Die Zucchini so lange braten, bis die Nudeln fast gar sind.

- Die Pasta gleichzeitig in reichlich Wasser al dente garen. Inzwischen den Knoblauch schälen und 5 Minuten, bevor die Pasta gar ist, zu den Zucchini geben. Die Zucchini und den Knoblauch mit Paprika edelsüß bestäuben. Den Thunfisch abgießen und zugeben. Alles mischen.

- Wenn die Pasta fertig ist, Sahne zum Gemüse geben, einmal aufkochen, dann die Pasta dazugeben und alles mischen. Die Portion für die Großen mit Salz und Chili würzig abschmecken.

TIPPS: Statt Zucchini kann auch Aubergine für dieses Rezept verwendet werden.

Um die Pasta nährstoffreicher zu machen, einfach 150 g weiße Bohnen aus der Dose im Ganzen oder in der Sahne püriert dazugeben.

PAPRIKA MIT FALAFELFÜLLUNG

FÜR 4 PORTIONEN

- 2 Packungen Falafelfertigmischung (Trockenprodukt, à 160 g)
- 1 kleine Zwiebel
- 1 EL Sesam
- 1 TL Olivenöl
- 4 große rote Paprikaschoten (ersatzweise gelbe Paprikaschoten)

Für die Sauce:

- 1 Bund glatte Petersilie
- 500 g Joghurt
- 2 TL Olivenöl
- Saft von ½ Zitrone
- Salz
- frisch gemahlener schwarzer Pfeffer

ZUBEREITUNGSZEIT: 25 MINUTEN

BACKZEIT: 45 MINUTEN

ZUBEREITUNG

- Die Falafelfertigmischung in eine Schüssel geben und nach Packungsanleitung mit heißem Wasser zubereiten und quellen lassen. Die Zwiebel schälen und fein würfeln. Zwiebel, Sesam und Öl unter die Falafelmischung rühren. Die Paprika waschen, längs halbieren und das Kerngehäuse vorsichtig entfernen.

- Den Backofen auf 200 °C (Ober-/Unterhitze) vorheizen und ein Backblech mit Backpapier auslegen.

- Die Paprikahälften mit der Falafelmischung füllen und im Ofen (Mitte) 45 Minuten backen.

- In der Zwischenzeit für die Sauce die Petersilie kalt abbrausen, trocken schütteln und die Blättchen abzupfen. Petersilie mit den übrigen Zutaten in einen hohen Mixbehälter geben und pürieren. Mit Salz und Pfeffer abschmecken.

- Die gefüllten Paprikahälften mit der Sauce servieren.

AUSTAUSCH-TIPP: Die Füllung lässt sich auch für ausgehöhlte Zucchinihälften verwenden.

EIERSALAT-SANDWICHES

FÜR 4 PORTIONEN

- 6 Eier
- 80 g Joghurt
- 80 g Mayonnaise
- 2 EL Essiggurken-
  wasser + 4 Essiggurken
- 1 TL Senf
- 1 Prise Salz
- 4 Brötchen
- 1 Kästchen Rote-
  Rüben-Sprossen

ZUBEREITUNGSZEIT: 20 MINUTEN

ZUBEREITUNG

- Die Eier in 10 Minuten in siedendem Wasser hart kochen. Währenddessen in einer Schüssel Joghurt, Mayonnaise, Essiggurkenwasser, Senf sowie Salz mischen. Die Essiggurken der Länge nach vierteln und in feine Stückchen schneiden.

- Die Eier schälen und grob klein schneiden. Die Eier etwas abkühlen lassen und unter das Dressing mischen. Die Brötchen aufschneiden, den Eiersalat darauf verteilen, mit Kresse bestreuen und servieren.

TIPPS: Wenn die Brötchen unterwegs gegessen werden, kann es praktischer sein, die Brötchen zu Hause aufzuschneiden, aber erst vor Ort zu belegen, damit sie nicht zu sehr durchweichen.

Der Eiersalat eignet sich auch als Beilage bzw. Dip für Raclette (Rezept siehe Seite 107).

SCHUPFNUDELN VOM BLECH MIT PUTENFILETS

FÜR 4 PORTIONEN

- 4 EL Olivenöl
- 1 TL Pommesgewürz
- 1 gelbe Paprikaschote
- 1 grüne Paprikaschote
- 2 Putenfilets
- 600 g Schupfnudeln
- 200 g TK-Erbsen

ZUBEREITUNGSZEIT: 15 MINUTEN

BACKZEIT: 30 MINUTEN

ZUBEREITUNG

- In einer kleinen Schale das Öl mit dem Pommesgewürz mischen. Die Paprikaschoten waschen, putzen und in 2 cm große Stücke schneiden.

- Den Backofen auf 180 °C (Ober-/Unterhitze) vorheizen. Die Putenfilets auf das Backblech legen und mit 1/3 des Würzöls einpinseln. Schupfnudeln und Paprika mit dem restlichen Öl mischen und ebenfalls aufs Backblech geben.

- Im Backofen 20 Minuten backen, dann die TK-Erbsen zugeben und weitere 10 Minuten garen.

TIPP: Dieses Gericht ist unglaublich wandelbar und eine perfekte Ausgangsbasis für die schnelle Küche. Die Schupfnudeln (oder Gnocchi) bilden die Basis, aber dazu können praktisch alle Gemüse, Hülsenfrüchte und viele Fleischsorten kombiniert werden, z. B. Hühnchen, Hackfleischbällchen oder Bratwürste. Zucchini, Brokkoli, Oliven, Lauch und vieles Weitere lassen sich super zusammen mit den Schupfnudeln backen.

MIE-NUDELN MIT ERDNUSSSAUCE

FÜR 4 PORTIONEN

- 1 Zwiebel
- 1 Knoblauchzehe
- 1 cm frischer Ingwer
- 1 EL Öl
- 2 Packungen Asia-Wok-Mix (TK, à 480 g)
- ½ Bund Koriander
- ½ Bund Frühlingszwiebeln
- 250 g Mie-Nudeln
- 2 EL Sojasauce
- 1 EL Agavendicksaft
- Saft von 1 Limette
- 100 g Erdnussmus
- ½ EL Sesam
- Salz
- frisch gemahlener schwarzer Pfeffer

Für die Großen:

- 1 Handvoll Erdnüsse

ZUBEREITUNGSZEIT: 15 MINUTEN

ZUBEREITUNG

- Die Zwiebel, den Knoblauch und den Ingwer schälen und fein würfeln.

- Das Öl in einer Pfanne erhitzen und Zwiebel und Knoblauch darin ca. 5 Minuten bei mittlerer Hitze rundherum anbraten. Den Ingwer und das Gemüse dazugeben und 100 ml Wasser dazugießen. Alles für ca. 5 Minuten bei mittlerer bis hoher Hitze heiß werden lassen.

- In der Zwischenzeit den Koriander kalt abbrausen, trocken schütteln, die Blättchen abzupfen und fein hacken. Die Frühlingszwiebeln waschen, putzen und in feine Röllchen schneiden.

- Wasser im Wasserkocher zum Kochen bringen. Die Mie-Nudeln in einen Topf geben und mit dem Wasser übergießen. Ca. 8 Minuten ziehen lassen, dabei gelegentlich umrühren. In ein Sieb abgießen.

- Die Sojasauce, Agavendicksaft, Limettensaft und Erdnussmus in die Pfanne dazugeben und alles gründlich verrühren.

- Die Nudeln mit Gemüse und Sauce anrichten und für die Großen mit Sesam, Frühlingszwiebeln, Koriander und Erdnüssen servieren, mit Salz und Pfeffer würzen.

KAISERSCHMARRN MIT SAUERKIRSCHEN

FÜR 4 PORTIONEN

- 175 g Mehl
- 1 Msp. gemahlenes Bourbonvanillepulver
- 200 ml Milch
- 200 g saure Sahne
- 4 Eier
- optional: 20 g Rosinen
- 10 g Butter
- ½–1 EL Zucker
- 1 Glas Sauerkirschen ohne Zucker

Außerdem:

- Pfanne à 28 cm Durchmesser

ZUBEREITUNGSZEIT: 18 MINUTEN

ZUBEREITUNG

- Das Mehl in eine Schüssel geben. Vanillepulver, Milch, saure Sahne und Eier dazugeben und alles zügig zu einem glatten Teig rühren. Optional die Rosinen unterheben.

- Die Butter in einer Pfanne erhitzen, den Teig in die Pfanne geben und bei mittlerer Hitze etwa 6 Minuten backen lassen. Vorsichtig wenden, hierfür gegebenenfalls den Teig auf einen großen Teller rutschen lassen und dann wieder in die Pfanne geben. Von der anderen Seite weitere 3 Minuten backen. Anschließend in Stücke teilen, in der Pfanne mit Zucker bestreuen und ca. 2 Minuten karamellisieren lassen.

- Die Sauerkirschen abgießen und zum Kaiserschmarrn servieren.

AUSTAUSCH-TIPP: Als Alternative zu den Sauerkirschen bietet sich klassisch Apfelmark an, aber auch anderes Obstmark oder frisch geschnittenes Obst nach Wahl.

ONE-POT-TORTELLINI

FÜR 4 PORTIONEN

- 1 rote Zwiebel
- 2 italienische Bratwürste, z. B. Salsiccia
- 2 EL Olivenöl
- 1 Dose stückige Tomaten à 400 g
- 500 g Tortellini aus dem Kühlregal (Kochzeit: ca. 5–6 Minuten)
- 125 g Babyspinat

Für die Großen:

- Chilipulver
- frisch gemahlener schwarzer Pfeffer

ZUBEREITUNGSZEIT: 25 MINUTEN

ZUBEREITUNG

- Die Zwiebel schälen und sehr fein würfeln. Die Würste aufschlitzen, das Brät herausdrücken und in ca. 1–2 cm große Stücke zerkleinern. Das Öl in einem großen Topf erhitzen und beides bei hoher Hitze ca. 4 Minuten unter Rühren anbraten. Dann mit Tomaten sowie 400 ml Wasser ablöschen und Tortellini zugeben. Einmal aufkochen, dann direkt bei niedriger Hitze im geschlossenen Topf garen, dabei alle 2 Minuten umrühren.

- Spinat waschen, leicht trocken schleudern und nach 6 Minuten dazugeben.

- Insgesamt ca. 8 Minuten garen, dann testen, ob die Tortellini gar sind. Die Kinderportion entnehmen und die Erwachsenenversion mit Chilipulver und Pfeffer abschmecken.

AUSTAUSCH-TIPP: Dieses Gericht funktioniert auch mit normalen Bratwürsten, Fenchel- oder Paprikawürsten. Das Brät ist bei diesen schon gewürzt. Du kannst es aber auch einfach mit gemischtem Hackfleisch zubereiten, besonders wenn sehr kleine Kinder mitessen, ist es dann nicht zu würzig.

ZUSAMMEN KOCHEN

Diese Rezepte sind so gedacht, dass deine kleinen Kinder leicht mitkochen bzw. irgendwann selbst kochen können. Dazu kannst du z. B. die Zutaten vorher abwiegen und bereitstellen. Durch die Portionsangaben in Tassen können Kinder aber auch ab ca. zweieinhalb Jahren selbst abmessen. Bei der Zubereitung heißer Speisen sollte immer eine erwachsene Person dabei sein. Unsere Erfahrung ist, dass allein oder gemeinsam zubereitete Speisen viel lieber auch selbst gegessen werden.

ERBSENRISOTTO

FÜR 4 PORTIONEN

- 1 Zwiebel
- 3 EL Öl
- 1 Tasse Risottoreis (ca. 250 g)
- 3 Tassen Gemüsebrühe (ca. 750 ml)
- 2 Tassen Erbsen (ca. 350 g)
- 60 g Parmesan
- Salz
- frisch gemahlener schwarzer Pfeffer

ZUBEREITUNGSZEIT: 45 MINUTEN

ZUBEREITUNG

- Die Zwiebel schälen und in feine Würfel schneiden. Das Öl in einem großen Topf erhitzen und die Zwiebel darin ca. 5 Minuten andünsten.

- Den Reis dazugeben und ebenfalls kurz andünsten. Mit der Gemüsebrühe ablöschen und so lange offen erhitzen, bis die Flüssigkeit fast köchelt. Dann auf kleine Hitze zurückdrehen und im geschlossenen Topf ca. 30 Minuten garen, dabei ab und zu umrühren. Die Erbsen zugeben und weitere 5 Minuten garen.

- Den Parmesan fein reiben, das Risotto vom Herd nehmen, den Parmesan unterrühren und im geschlossenen Topf 5 Minuten ruhen lassen. Für die Großen nach Belieben mit Salz und Pfeffer nachwürzen.

AUSTAUSCH-TIPP: Statt Erbsen können auch Edamame oder grüne Bohnen verwendet werden, diese müssen aber vorher gegart werden.

RAVIOLI-AUFLAUF

FÜR 4 PORTIONEN
- 600 g Ravioli mit maximal 5 Minuten Kochzeit
- 1 Zwiebel
- 2 Knoblauchzehen
- 2 Dosen stückige Tomaten (à 400 g)
- 1 TL getrocknete italienische Kräuter
- optional: Salz
- 1 Kugel Mozzarella (125 g)

ZUBEREITUNGSZEIT: 10 MINUTEN

BACKZEIT: 20 MINUTEN

ZUBEREITUNG
- Die Ravioli in eine Auflaufform füllen. Die Zwiebel und den Knoblauch schälen, die Zwiebel fein würfeln, den Knoblauch durchpressen.

- Zwiebel und Knoblauch mit den stückigen Tomaten in einem Messbecher mischen. Mit getrockneten Kräutern würzen, gegebenenfalls salzen und vorsichtig über die Ravioli schütten, sodass diese komplett bedeckt sind.

- Den Backofen auf 180 °C (Ober-/Unterhitze) vorheizen. Den Mozzarella in Scheiben oder Würfel schneiden und über dem Auflauf verteilen. Im Ofen (Mitte) ca. 25 Minuten backen, dann den Auflauf 5 Minuten ruhen lassen.

AUSTAUSCH-TIPP: Auch andere Fertignudeln wie Maultaschen oder Tortellini eignen sich für dieses Rezept oder es können einfach Nudeln vom Vortag auf diese Weise überbacken werden.

SCHOKO-CROSSIES

FÜR 1 BLECH

100 g Zartbitterschokolade (Kakaogehalt: 70 %) • 2 Tassen Cornflakes

Zubereitungszeit: 25 Minuten

ZUBEREITUNG

- Die Schokolade grob zerbrechen und im Wasserbad schmelzen. In einer Schüssel sehr gut mit den Cornflakes mischen. Ein Backblech oder Tablett mit Backpapier auslegen und mit zwei Teelöffeln kleine Schoko-Crossies formen. Diese mindestens 6 Stunden auskühlen lassen, dann luftdicht verpacken und kühl lagern.

TIPPS: Die Menge kann beliebig erhöht werden. Auf 100 g Schokolade kommen immer 2 Tassen Cornflakes.

Unter die Cornflakes können auch gehobelte Mandeln oder Sonnenblumenkerne gehoben werden. Je nach Geschmack können aber auch klein gewürfelte Trockenfrüchte wie Mango oder Datteln und gefriergetrocknete Erdbeeren untergemischt werden. Auch der Abrieb von Limette, Zitrone oder Orange eignet sich. Gewürze wie Zimt, Kardamom, gemahlener Ingwer oder Vanille sorgen für Abwechslung.

KAKAO-WAFFELN

FÜR 6 STÜCK

1 kleine Tasse getrocknete Soft-Datteln oder Soft-Aprikosen • 50 g Kokosöl + mehr zum Einfetten des Waffeleisens • 300 ml Pflanzendrink • 180 g Dinkelmehl Type 630 • 3 EL Kokosraspel • 2 EL Kakao • 1 TL Weinstein-Backpulver

Zubereitungszeit: 30 Minuten

ZUBEREITUNG

- Die Soft-Datteln grob klein schneiden. In einem kleinen Topf Kokosöl, Datteln und Pflanzendrink leicht erhitzen, dann in einem hohen Mixbehälter fein pürieren. Mit Mehl, Kokosraspel, Kakao und Backpulver zügig zu einem glatten Teig mischen.

- Das Waffeleisen mit etwas Kokosöl einfetten und nach und nach 6 Waffeln ausbacken.

TIPPS: Der Waffelteig ist ein guter Basisteig und kann z. B. statt Kakao auch mit bunter Lebensmittelfarbe eingefärbt werden. So kann man eine bunte Waffeltorte daraus herstellen, indem man mehrere Waffeln stapelt und die Zwischenräume mit geschlagener Sahne und Beeren füllt.

CALZONE

FÜR 6 STÜCK

- 1 Becher handwarmes Wasser
- 1 Päckchen Trockenhefe
- 3 EL Olivenöl
- 3 Becher Dinkelmehl Type 630 + Mehl zum Arbeiten
- 1 TL Salz
- 2 TL getrocknete italienische Kräuter

Für die Füllung:

- 1 Becher Tomatensauce
- 1 kleine Zucchini
- 80 g Kochschinken
- 1 Becher geriebener Mozzarella

ZUBEREITUNGSZEIT: 15 MINUTEN

GEHZEIT: 1 STUNDE

BACKZEIT: 15 MINUTEN

ZUBEREITUNG

- Das Wasser in eine große Schüssel geben. Die Hefe dazugeben und mit einem Schneebesen verrühren. Das Olivenöl, Mehl, Salz und die Kräuter dazugeben und alles mit den Knethaken eines Handmixers oder mit den Händen in ca. 5 Minuten zu einem glatten Teig kneten. Für 1 Stunde abgedeckt an einem warmen Ort gehen lassen.

- Den Backofen auf 180 °C (Umluft) vorheizen und zwei Backbleche mit Backpapier auslegen.

- Den Teig auf einer bemehlten Arbeitsfläche in 8 Teile teilen. Zu Kugeln kneten und auf ca. 20 cm Durchmesser ausrollen. Mit Tomatensauce bestreichen, dabei außen ca. 1,5 cm frei lassen. Eine Hälfte reichlich mit Zucchini und Schinken belegen, mit Käse bestreuen und die unbelegte Hälfte darüberklappen. Die Ränder fest zusammendrücken und mit einer Teigkarte vorsichtig mit etwas Abstand auf die Bleche legen. Im Ofen ca. 15 Minuten backen.

TIPPS: Vorsichtig, die Calzonen speichern die Hitze stark. Vor dem Servieren am besten halbieren, damit heißer Dampf entweichen kann.

Für eine vegetarische Variante einfach statt Schinken geräucherten Tofu in feine Streifen schneiden und verwenden.

APFEL-STREUSEL-MUFFINS

FÜR 12 STÜCK

Für den Teig:

- 2 Eier
- ½ Becher Zucker
- 1 Becher Schmand
- ½ Becher Milch
- 2 Becher Mehl
- 1 Päckchen Backpulver
- 2 Äpfel

Für die Streusel:

- 50 g Butter
- 25 g Zucker
- 1 Vanillezucker
- 80 g Mehl

Außerdem:

- Muffinblech

ZUBEREITUNGSZEIT: 15 MINUTEN

BACKZEIT: 25 MINUTEN

ZUBEREITUNG

- Den Backofen auf 180 °C (Ober-/Unterhitze) vorheizen. Ein Muffinblech mit Papierförmchen auslegen.

- Die Eier in eine Schüssel schlagen. Zucker, Schmand und Milch abmessen und dazugeben. Alles mit einem Schneebesen gründlich verrühren, bis sich der Zucker aufgelöst hat. Mehl abmessen und mit dem Backpulver zu den feuchten Zutaten geben. Die Äpfel schälen, vierteln, das Kerngehäuse entfernen und die Äpfel in kleine Stücke schneiden. Die Apfelstücke unter den Teig heben.

- Den Teig gleichmäßig in die Muffinmulden verteilen.

- Die Butter für die Streusel in Würfel schneiden. Zucker, Vanillezucker und Mehl dazugeben und alles zu einem bröseligen Teig verkneten. Die Streusel über die Muffins geben.

- Die Muffins im vorgeheizten Ofen (Mitte) ca. 25 Minuten backen.

AUSTAUSCH-TIPP: Statt Apfel kann auch Birne verwendet werden.

MAISKUCHEN

16 STÜCKE

1 Becher Pflanzendrink • ½ Becher geschmacksneutrales Öl • 2 Eier • 1 Becher Mehl • 1 Becher Maismehl • 1 Päckchen Weinstein-Backpulver • ½ Becher Rohrohrzucker • ***Außerdem:*** Backform à 20 × 20 cm

Zubereitungszeit: 8 Minuten
Backzeit: 25 Minuten

ZUBEREITUNG

- Den Backofen auf 180 °C vorheizen und die Backform mit Backpapier auslegen.

- Pflanzendrink, Öl und Eier in eine Schüssel geben und gründlich verrühren. Die trockenen Zutaten in eine zweite Schüssel geben und verrühren. Die feuchten Zutaten dazugeben und alles zügig zu einem glatten Teig verrühren.

- Den Teig in die Auflaufform geben, diese leicht auf der Arbeitsfläche aufstoßen, sodass der Teig gleichmäßig in der Form verteilt ist. Im Ofen (Mitte) in ca. 25–28 Minuten goldbraun backen. Herausnehmen, vollständig auskühlen lassen und in 16 quadratische Stücke schneiden.

MACH MEHR DRAUS: Der Kuchen kann auch noch ein Topping bekommen: Dazu eine Creme aus 200 g Frischkäse (natur), dem Abrieb von 1 Orange und 50 ml Orangensaft anrühren. Auf den Kuchen streichen und nach Wunsch mit filetierter Orange belegen.

JOGHURT-BEEREN-BECHERKUCHEN

FÜR 1 KASTENFORM

1 Becher Beeren (z. B. Him- und Blaubeeren) • 2 Becher Joghurt natur • 1 Becher geschmacksneutrales Öl • 2 Eier • 1 Becher Zucker • 2 Becher Mehl • 1 Päckchen Backpulver

Zubereitungszeit: 15 Minuten
Backzeit: 40–45 Minuten

ZUBEREITUNG

- Den Backofen auf 180 °C vorheizen und eine Kastenform mit Backpapier auslegen oder einfetten.

- Die Beeren waschen und verlesen.

- Alle Zutaten bis auf die Beeren in eine Schüssel geben und mit einem Holzlöffel verrühren, bis die trockenen Zutaten feucht sind. Die Beeren dazugeben und vorsichtig unterheben. Den Kuchenteig in die Form füllen und im Ofen (Mitte) für ca. 40–45 Minuten backen. Stäbchenprobe machen. Herausnehmen und vor dem Schneiden abkühlen lassen.

TIPPS: Den Kuchen mit frischen Beeren servieren. Alternativ eignen sich auch gewürfelte Pfirsiche, Nektarinen, Aprikosen oder Pflaumen.

REGISTER

ÜBER UNS

breifreibaby
Essen wie die Großen

Vielleicht hast du schon mal von uns und der Marke »breifreibaby« gehört? Als dein Kind mit der Beikost gestartet ist oder du auf der Suche nach zuckerfreien Waffeln das Internet durchforstet hast? Denn uns gibt es schon seit 2016. Aber wer sind wir eigentlich?

Lena und Annina, beide 37, beide Mamas und natürlich selbst mit dem täglichen Struggle, was es heute Leckeres für die Familie geben soll. Wir haben uns beim Gemüsegärtnern kennengelernt und beim Brombeerenpflücken beschlossen, zusammenzuarbeiten. Seitdem durften wir viele Tausend Familien beim Beikoststart und rund um die Familienküche begleiten.

Nicht nur mit leckeren Rezepten auf unserer Website www.breifreibaby.de, sondern auch mit viel Wissen und Infobeiträgen rund um Ernährung auf unseren Social-Media-Kanälen (Instagram: @breifreibaby_) sowie in unseren Onlinekursen und Whatsapp-Begleitungen.

Lena ist ausgebildete Food-Redakteurin, Ernährungsberaterin und Stillbegleiterin (DAIS). Annina ist ausgebildete Gesundheits- und Krankenpflegerin, Fachkraft für Babygeleitete Beikost sowie Picky Eating und Stillbegleiterin (DAIS). Wir beide arbeiten seit fünf Jahren auch als Kochbuchautorinnen und noch viel länger als Rezeptentwicklerinnen.

Unsere Rezepte sind alle durch unsere eigenen Töpfe und über unseren Esstisch gewandert – du kannst also davon ausgehen, dass sie sich in jeder Küche einfach umsetzen lassen. Unsere Kinder sind in ihrem Essverhalten ganz unterschiedlich und auch bei uns bekommt nicht jedes Gericht zehn von zehn Punkten. Eins ist uns aber ganz wichtig in unserer Arbeit: Jeder Esstag beginnt jeden Morgen von Neuem. Du darfst deinem Kind immer wieder neues und bekanntes (bisher nicht gemochtes) Essen ohne Zwang und Wertung anbieten.

Bei uns findest du Rezepte für Groß und Klein, persönliche Beratung, Austausch mit anderen Eltern, Nährstoffkunde, Vorstellung von neuen Produkten und wir freuen uns sehr, wenn wir uns im Internet mit dir austauschen dürfen.

Herzlich
Lena und Annina

IMPRESSUM

1. Auflage

Hinweis
Die Ratschläge/Informationen in diesem Buch sind von Autorinnen und Verlag sorgfältig erwogen und geprüft, dennoch kann eine Garantie nicht übernommen werden. Eine Haftung der Autorinnen bzw. des Verlags und seiner Beauftragten für Personen-, Sach- und Vermögensschäden ist ausgeschlossen.

Bildnachweis
Alle Bilder stammen von Rogge & Jankovic Fotografie, außer:
Andrea Mühleck (Seite 7), Shutterstock/PH888 (Seite 13), AdobeStock/Dar1930 (Seite 17), Shutterstock/Oksana Mizina (Seite 19), Shutterstock/Evgeny Atamanenko (Seite 23), Shutterstock/Katya Kiprina (Seite 26), Shutterstock/Aleksey Vanin (Innenklappe vorne).

Projektleitung: Eva Wagner
Lektorat: Susanne Schneider
Korrektorat: Susanne Langer-Joffroy, Christel Kaselow Design
Cover, Layout, Satz: OH, JA!
Reproduktion: Mohn Media Mohndruck GmbH, Gütersloh
Druck und Bindung: Pixartprinting, Lavis
Printed in Italy

MIX
Papier | Fördert gute Waldnutzung
FSC® C147178
www.fsc.org

Penguin Random House Verlagsgruppe FSC ® N001967

ISBN 978-3-517-10213-9
www.suedwest-verlag.de